“이 저서는 2008년 정부(교육과학기술부)의 재원으로 한국연구재단의

지원을 받아 수행된 연구임”(NRF-2008-362-A00003)

중남미지역원 학술총서 11

영화로 보는 라틴아메리카

사회상의 스펙트럼

박종욱 지음

이담 Books

 **들어가는 말**

　21세기의 대표적 미디어 매체인 영화를 통해 한 사회와 그 문화를 살펴본다는 것은 매력적이다. 더욱이 라틴아메리카처럼 수많은 국가와 사회를 하나의 대상으로 삼아 그 문화적 가치와 배경, 구성원들의 삶의 이야기 전반에 대한 감상과 분석을 수행하는 과정에서 영화가 지닌 장점은 매우 긍정적이다. 90년대 이후 문화연구가 영화를 주된 '텍스트'로서 선택한 이유이기도 하다.

　본 저술은 라틴아메리카의 사회와 문화를 탐색하고, 구성원들이 지닌 인식적 태도와 사고방식, 삶의 태도들을 조망하기 위한 목적에서 영화를 분석 대상으로 삼아 기획된 연구 결과이다. 따라서 분석의 대상이 된 영화들은 현대사회의 보편성을 담고 있으면서도 라틴아메리카 사회의 다양한 가치들을 반영하는 대표성을 지닌 작품들 가운데 선별하였다.

　영화를 소개하고 분석하는 대부분 책들은 최대한 많은 영화들을 소개하려는 데에 기본적인 목적을 설정한다. 세계에는 다양한 소재와 주제의 수많은 영화들이 있고, 독자들에게 보다 많은 영화들에 대한 정보를 제공하려는 목적이 강조되기 때문일 것이다. 이러한 경향은 개별 영화의 분석에 집중하기보다는 보다 많은 정보가 중요한 가치 척도였던 시대적 환경 때문이기도 했다. 하지만, 인터넷 혁명에 이어, 스마트 혁명을 경험하고 있는 우리들에게 개별 영화의 기본정보에 대한 검색은 더 이상 특별한 전문성이 요구되는 영역은 아니다.

　웹서핑을 조금만 부지런히 하면, 그리고 외국어 1~2개를 적절하게 활용하기만 한다면, 정보 검색과 그에 따른 결과물은 생각보다 긍정적인 요즘이다. 단순하게 영화에 대한 정보를 장황하게 소개하거나, 감독 중심의 영화 패턴 분석이나 주제 및 장르별 정리 등의 작업은 더 이상 전문가들만의 고유 영역으로 남아있지 않다. 이제 영화에 대한 정보를 공유한다는 것은 일반화된 작업이 되었으며, 따라서 전문적 성격의 저술은 개별 영화의 소개에 머무는 것이 아니라 영화가 지향하는 메시지와 이슈, 토픽 등에 대한 본질적인 분석에 보다 많은 지면과 방향성을 설정해야 한다.

본 저술은 라틴아메리카 영화 고유의 특성에 대한 이해와 감상을 토대 삼아, 개별 영화가 주제로서 다루고 있는 라틴아메리카의 사회문화적 토픽과 담론에 대한 열린 토론을 제안하는 글이다. 개별 영화를 분석하는 글쓰기의 원칙은 이미 논의되었거나, 널리 알려진 이슈와 토픽, 담론 등을 반복하거나 흉내 내는 방식을 허용하지 않음으로써, 저자 고유의 사고와 판단으로 비평적 기준과 구성을 기획하는 데에 있다. 따라서 비평시각이 감독의 의도나 세간의 평가와는 부분적으로 다를 수 있으며, 그에 따른 책임 또한 오롯이 저자의 몫임을 밝힌다.

그렇다면, 어떠한 영화를 선택할 것인가. 30개가 넘는 라틴아메리카 지역을 대표하는 영화를 선택하는 기준은 어떠해야 할까, 하는 고민은 라틴아메리카 영화의 통시성과 공시성, 주제와 이슈, 감독, 국가 등과 같은 다양한 변수를 어떻게 조합해야 할 것인가의 문제이기도 하다. 단행본으로 출간될 저술에 담을 수 있는 영화 분석의 분량은 제한적일 수밖에 없었고, 결국 쉬운 선택을 할 수밖에 없었다.

우선, 국제적으로 높이 평가될만한 객관적이고 타당한 가치를 지닌 영화들이 대상이 되었다. 물론, 여기에서 말하는 '국제적'이란 지역권역을 넘어서는 개념으로서, 세계적이라는 표현으로 교체가 가능할 것이다. 세계적으로 널리 알려진 수준 높은 작품으로 인정된 라틴아메리카의 영화들의 목록은 한국 관객의 입장에서 생각할 수 있는 것보다 무척 많다는 점이 여전히 어려운 장벽이기는 하지만, 많은 목록들 가운데, 라틴아메리카의 특수성으로서 담론들과 이슈들을 뽑아내어 최종적인 분석 대상을 만들 수 있었다. <나는 쿠바>, <판의 미로>, <모터싸이클 다이어리>, <달콤쌉싸름 초콜릿>, <영혼의 집>, <비밀의 눈동자>, <저개발의 기억>, <은총이 가득한 마리아>, <루시아>, <바벨>, <테레사의 초상>, <프리다>, <인생은 휘파람> 등 총 13편의 영화들이 바로 그 목록을 채울 수 있었던 영화들이다.

이 작품들은 '종속과 탈종속', '개발과 저개발', '라틴아메리카의 정체성 탐색' 등과 같은 담론 중심 영화들과 '패미니즘과 마치스모', '현대인의 소통 부재', '가부장제적 사회 이후 사회적 가치' 등 현대 후기 산업사회의 핫이슈나 토픽 중심의 영화들, 그리고 현대인의 소통과 일상적 삶의 의미를 다룬 영화들로 나뉠 수 있을 것이다.

저술의 기본 구성은 영화를 감상하는 독자들에게 개별 영화들이 지닌

이슈와 주제들을 가벼운 마음으로 감상하는 기회를 제공하면서, 멕시코에서 칠레까지 주요 국가들을 편하게 여행하는 태도로 시대와 사회적 배경을 달리하는 개별 영화들이 제공하는 옴니버스 형식의 조각들을 통해 퍼즐을 맞춰가듯, 라틴아메리카 사회문화의 가치에 대한 일별이 가능할 수 있기를 의도했다.

하지만, 국내에서는 개봉되지 않았거나, 비디오나 CD, DVD 등으로도 접하기 어려운 몇몇 작품들의 경우에는 저자와 공감을 나누기 어려운 제한적 상황임을 알면서도, 영화의 분석을 진행하지 않을 수 없어, 자칫 일방적인 얘기 늘어놓기가 되는 것은 아닌지, 부담감이 들 수밖에 없었다. 또한 제한된 시간에 제한된 분량의 책을 저술해야 한다는 중압감에 포기하거나 보류할 수밖에 없었던 훌륭한 영화들에 대한 아쉬움을 고백하지 않을 수 없다.

<이상한 나라의 알리시아>, <후안킨킨의 모험>, <잊혀진 자들>, <나사린>, <마음의 심연>, <딸기와 초콜릿>, <흑인 오르페>, <개 같은 사랑>, <벤자민의 여자>, <콘돌의 피>, <남쪽>, <과제>, <단손>, <비바 쿠바>, <로드리고 D, 미래는 없다>, '쿠바 애니메이션' 등의 훌륭한 영화들에 대한 이야기는 다음 저술에서 다룰 수 있기를 기대한다.

차 례

들어가는 말 / 5

1. '나는 누구인가' 프리다, 〈프리다〉를 그리다 / 11

2. 〈판의 미로〉, 일상의 환상과 역사적 현실 사이에서 동화적 미로 그리기 / 31

3. 체 게바라의 '나를 찾아 떠난 여행'과 〈모터싸이클 다이어리〉 / 45

4. 〈달콤 쌉싸름한 초콜릿〉과 사랑의 묘약의 비밀 레시피 / 59

5. 〈영혼의 집〉, 역사적 소용돌이 가운데에서 펼쳐지는
   존재적 사랑과 소유적 사랑의 이야기 / 73

6. 〈비밀의 눈동자〉, 잊힌 과거의 재구성과 현재적 의미 / 87

7. 〈저개발의 기억〉은 누구의 기억인가.
   트라우마의 기억과 직면의 성찰적 접근 / 99

8. 〈은총이 가득한 마리아〉, 마약 딜러에게 영혼을 파는
   수많은 마리아에게 은총이 가득하기를 / 123

9. <루시아>, 트라우마의 역사성 환기와 재해석을 위한
   여성 주인공의 변천사 / 139

10. <바벨>, 외로운 섬으로 살아가는
    현대인의 소통부재를 이야기하다 / 155

11. <떼레사의 초상>, 사회인습으로서
    남성우월인식에 대한 고발적 시각 / 171

12. <나는 쿠바>에 투영된 쿠바혁명의 어제와 오늘 / 187

13. 일상적 삶의 무게로부터 자유로움을 꿈꾸는 영화,
    <인생은 휘파람> / 205

영화자료 목록 / 219

참고문헌 / 227

1.
‘나는 누구인가’
프리다, <프리다>를 그리다

프리다 칼로는 일생 동안 50편 이상의 자화상을 그렸다.

2002년 줄리 테이머 감독에 의해 연출된 영화 <프리다>는 프리다 칼로 역의 셀마 헤이엑과 디에고 리베라 역의 알프레도 몰리나의 놀라운 연기에 마치 그네들의 삶을 들여다보고 있는 것만큼이나 사실주의적 묘사에 놀라움을 느끼게 한다.

프리다 칼로에게는 몇 가지 수식어가 늘 붙어 다닌다. 디에고 리베라의 연인, 멕시코의 초현실주의 화가, 고통과 더불어 사는 삶 등의 표현은 프리다 칼로를 규정하는 수식들이다. 디에고 리베라와 분리된 그녀의 삶은 과연 있는 것인가. 멕시코의 역사성을 바탕에 두지 않은 그녀의 삶이란 과연 가능했을까. 고통으로 점철된 그녀의 삶에서 고통을 의식하지 않은 순간이 있었을까. 하지만, 진짜 그녀의 모습은 무엇이었다고, 그녀 자신이 생각했을까. 그녀가 그린 자신의 모습은 무엇이었을까.

　비록 할리우드에서 제작된 영화이지만, <프리다>는 제작 과정에서 현장감을 살리기 위한 다방면의 노력을 기울였다. 우선, 프리다 개인의 삶을 복원하듯, 그녀의 많은 작품들과 디에고의 작품들을 옮겨놓은 듯 시각적 효과를 극대화하였으며, 음악과 춤사위 등을 통해 멕시코의 정서를 살리려 노력하였다. 까에따노 벨로주의 노래마저 미국인의 정서에는 이국적인 분위기를 자아낼 수 있는 훌륭한 장치로 여겨질 수 있을 것이다. 프리다의 초상화 작품들에 등장하는 인물들을 빼어 닮은 배우들의 면면은 줄리 테이머 감독의 섬세함과 꼼꼼함을 확인하기에 충분한 배려이다.

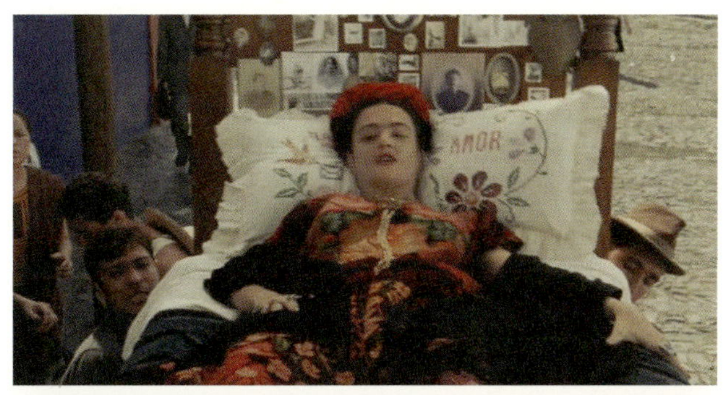

　영화는 프리다가 자신의 전시회에 참석하기 위해 침대에 누운 채 트럭에 옮겨지는 장면으로부터 버스 사고가 나기 직전의 상황으로 돌아가면서 시작된다.

　버스 사고는 프리다 칼로의 삶을 절대적으로 변화시킨다. 복합골절에 자궁의 손상과 같은 치명적인 상처는 소아마비 때문에 얻게 된 열등의식을 더욱 부추기게 된다. 교통사고로 인한 전신 골절의 충격은 그녀의 삶을 변화시키는 첫 번째 모티브이다.

　사고의 후유증에서 회복되기도 전에 프리다는 첫 사랑과의 이별을 경험한다. 사춘기의 육체적이고 정신적인 열정의 대상이었던 알레한드로는 소르본느로 유학을 떠나게 된다. 병상에 남겨진 그녀가 겪는 재활의 고통스러운 과정은 오히려 그녀에게 그림을 그리는 과정에 매진할 수 있는 기회가 된다. 전신 복합 골절의 부상에서 회복하기 위한 여러 차례의 수술과 재활을 위해 중산층이던 그녀 부모의 경제력도 휘청거릴 수밖에 없었다.

칼로에게 그림을 그리는 행위는 자신의 내면을 들여다보며, 아픔의 흔적을 직면하는 과정이었다. '나를 찾아가는 과정'을 제작하는 프로세스는 치료적 접근으로서 미술치료가 가져올 수 있는 가장 큰 치료적 효과이기도 하다. 그녀 스스로가 자신에게 줄 수 있었던 가장 큰 선물이라 할 수 있을 것이다. 재활 과정은 프리다의 평생에 걸쳐 지속되는 힘겨운 삶의 여정이었으며, 삶의 존재적 의미의 양날이었다.

프리다 칼로는 1907년 멕시코 수도에서 태어나 1954년 47살의 나이라는 비교적 짧은 생을 살았으면서도 깊은 영혼의 울림으로 기억될 많은 아픔과 경험을 겪었던 여인이다.

그녀는 화가이다. 아니, 당시에는 여류화가라는 표현이 올바를 것이다. 그녀는 유럽계 아버지와 메스티소 어머니의 정신적, 문화적, 심리적 여정의 흔적이다. 그녀는 초현실주의 화가이다. 브레똥과의 교류며 파리에서의 전시도 그녀가 추구했던 작품 세계의 문화적 유형을 조금은 대표할 수는 있다. 종교적 신념 이상으로 인간 스스로의 의지에 의한 신념에 주목하고 싶어 했던 그녀다. 마오쩌둥을 존경했고, 트로츠키를 도왔으며, 젊은 시절에는 선동정치라며 무관심했던 그녀였지만, 훗날에는 현실 정치에도 부분적으로 참여하기도 한다.

하지만, 부인할 수 없는 것은 디에고 리베라와의 관계에 의해 설정되는 그녀의 존재적 의미이다. 그럼에도 불구하고, 그녀는 철저하게 혼자였으며, 스스로의 정체성에 대한 끊임없는 추구를 통해 자신의 존재의

의미를 확인해왔다.

디에고 리베라, 그와의 만남은 프리다, 그녀 삶의 두 번째 모티브이다. 디에고는 이미 유명한 기성 화가였다. 그는 멕시코의 정신을 역사에서 찾아가고 있었으며, 민중을 삶의 주체로서 인식할 수 있도록 개도하는 이른바 선동 예술가로서 벽화에 매진하고 있었다. 그에게는 스탈린의 사회주의 혁명도 이념에 경도된 극단주의로 보였으며, 민중의 뿌리에서 실천적 삶의 태도에 변화를 줄 수 있는 무엇인가 새로운 변혁을 꿈꾸고 있던 낭만주의자이며, 현실적 실천주의자였다. 그런 그와 이제 갓 소녀의 티를 벗어나기 시작한 프리다와의 만남은 그야말로 대조적 이미지의 조화롭지 않은 만남이었다.

디에고는 프리다의 의외성과 그녀 작품의 독창성에 긍정적 반응을 보인다. "과거 엘리트 부르주아의 심심풀이 화풍의 […] 사례라고 내가 말한들 [네게] 무슨 의미가 있겠나"고 말을 던진 뒤, 선전선동에는 관심이 없다는 프리다의 반응에 '훌륭한 그림이다'라며 극찬을 한다.

격식과 형식을 뒤쫓는 훈련된 그림이 아니라, 자유롭게 자신의 생각과 감성을 드러내는 프리다의 예술세계에서 창의적이고 독창적인 가능성을 발견하였던 것이다. 계속 그림을 그려도 좋을 것인지에 대한 그녀의 대답에 '넌 재능이 있다'며 그 이유를 '독창적인 느낌'에서 찾는다. "난 밖에서 [외부 현실을 통해] 보는 것만 그리는데, 너는 네 가슴에서 보는 것을 그린다"는 표현에 요약된 점을 뒤집어 해석한다면, 프리다의

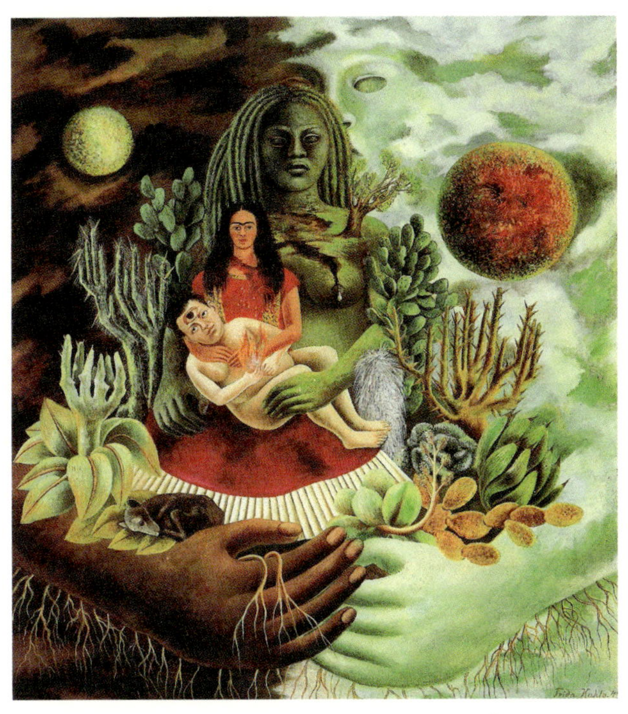

경우 디에고 만큼의 현실적 안목과 응시의 시선이 없었기 때문이기도
할 것이다. 하지만, 분명 그녀에게는 뭔가 스스로에 대한탐색과 질문이
그림을 통해 꾸준하게 표현되고 있었다.

중요한 것은 늘 자신의 정체성에 관심을 두고 있는 그녀에게 무엇이
그녀의 정체성을 만들고 있느냐 하는 문제이다. 그녀는 자신이 그렸던
가계도에서 묘사했던 것처럼 유럽과 아메리카의 만남에 의한 탄생이며,
혼혈의 후예로서 멕시코의 인종적 상징성을 대표할 수 있다고 생각했
다. 하지만, 그녀는 여기에 머물지 않았다.

프리다 칼로는 자신의 삶을 멕시코 역사, 특히 멕시코 혁명과 궤를
함께하는 상징적 의미로 받아들이고 싶어 했다. 실제 나이를 멕시코

자신을 서구와 멕시코 문명의 결합의 결과물로 인식하던 프리다의 가계도는 유럽과 아메리카가 그녀의 '푸른 집'에서 잡약되고 있음을 상징한다.

혁명의 발발 년도에 맞춰 수정하곤 하였던 그녀에게 멕시코가 부여하는 역사성은 국가 혹은 민족의 이념 그 이상이었다. 개인의 삶과 개인이 속한 국가와 민족의 역사성이 동일할 수는 없다. 하지만, 그녀는 멕시코였으며, 또한 멕시코는 그녀였으니, 그녀에게 무엇보다 소중한 것은 자신 스스로를 의식하는 그녀 내면에 대한 응시의 시선이 아니었을까.

디에고와의 만남은 프리다에게는 외부를 보는 새로운 창의 열림을 의미했다. 현실정치와의 만남은 한편으로는 멕시코의 역사성에 대한 관심과 탐색의 과정으로 연결되었고, 프리다의 회화 작품들에 드러나는 많은 소재들을 통해 그녀가 얼마나 자신의 정체성에 대한 탐색을 위해 멕시코의 역사와 뿌리에 대한 관심을 두고 있었는지를 밝혀준다.

선동정치에는 관심이 없다던 프리다는 디에고의 삶의 인식과 태도에 많은 부분 영향을 받게 되었고, 결국 디에고를 통해 세상을 바라보는 창을 열게 되었던 것이다. 하지만, 디에고가 추구하는 현실에서의 실천적 의지와 프리다의 입장은 일정한 간격을 지닐 수밖에 없었다. 프리다의 현실 참여는 상대적으로 소극적이고, 제한적이었으며, 오히려 외부 세계를 통한 그녀의 경험은 충격과 고통 등의 부정적인 이미지가 되어, 스스로 자신에 대한 탐색의 시선을 더욱 공고히 하게 만들곤 했다. 화려함과 분주함 속에서 그녀는 늘 혼자였다.

두 사람의 만남은 코끼리와 비둘기의 만남으로 비유되곤 하였다.

그들의 외형을 보아도 두 사람의 비율은 극단적인 대조를 드러냈다. 외향적이고 활달하며, 다혈질에 거구의 몸집을 한 디에고는 왜소하고

디에고와 프리다의 관계는 간헐적으로 이별을 경험하면서도, 서로의 존재를 숙명적 관계로 받아들일 수밖에 없는 인연으로 표현된다.

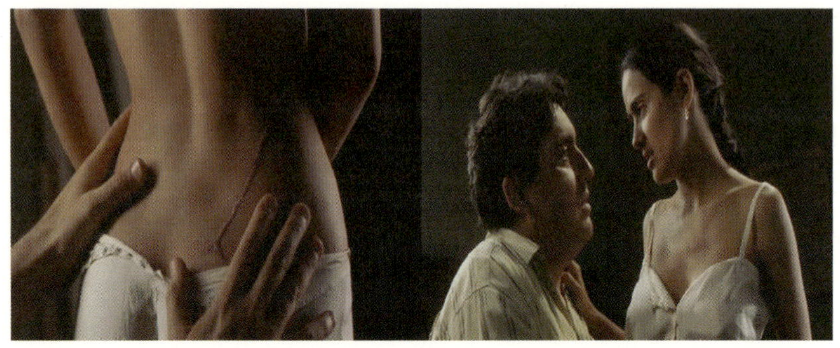

내성적이며, 예민하고 불안한 성향에 작은 체구를 지닌 프리다와 여러 측면에서 비교가 될 수밖에 없었다.

프리다는 외면의 상처 이상으로 내면의 아픔과 억압을 경험하고 있었고, 디에고는 그러한 그녀에게 위로와 용기가 되었다. 수탈의 역사를 경험하는 멕시코 사회가 올바로 서기 위해서는 본질적인 변혁을 추구해야만 하고, 그러한 목적을 위해서는 실천적 예술 행위에 의미를 부여해야 한다고 믿고 있는 디에고에게 프리다의 상처는 민족적 상징으로서 체화된 구체적인 아픔이면서, 동시에 그녀 개인의 개별적이고 외형적 아픔일 수도 있는 해석으로 다가왔다.

두 사람은 서로의 부족한 부분을 보완하며 함께 성장하는 부부의 모습을 갖춰가기 시작했다. 하지만, 미국에서 벽화가로서의 활동은 디에고의 급진적 이념과 미국의 보수성이 충돌하면서 두 사람의 위기로 촉발된다. 디에고의 아내라는 제한적인 정체성에 노출되었던 그녀가 상이한 문화적 배경의 미국 문화 속에서 오히려 "나는 누구인가", "이곳에서 무엇을 하고 있는가" 라는 질문을 통해 그녀 스스로의 문화적 정체성에 대한 진지한 탐색의 시간을 갖게 된다. 선진 문명에 대한 막연한 기대가 모호함을 넘어, 환멸로 다가올 즈음, 프리다는 개인 삶의 여정에 있어서 무척 중요한 외상을 겪는다. 힘들게 임신하였던 아기를 유산한 것이다. 교통사고로 자궁에 손상을 입었던 그녀였기에 그 무엇보다 소중한 가치로 다가왔던 생명의 잉태라는 선물은 끝내, 다시 한 번 그녀의 가슴에 못을 박았다.

정서적으로 극히 불안한 상태의 프리다는 자신의 골반과 사내아이였던 태아의 모습, 피를 흘리며 병상에 눕혀지는 자신의 모습을 극렬한 이미지로 그려낸다.

빌딩 숲 속에서 추락하는 프리다의 모습은 미국 사회에 정착하지 못한 채 부유하는 문화적 이방인의 소외감이었다. 산업 문명의 발전된 모습의 상징으로 드러나는 미국 문화 속에 프리다는 멕시코의 국기를 상

유산을 겪은 프리다의 정서 상태는 극히 쇠약했고, 태아에 대한 집착은 그림에서처럼 그녀를 붙들고 있었다.

징하는 세 가지 색깔의 의상을 허공에 내건 채 텅 비어 있는 자신의 내면을 살피고 있었다. 과연 프리다가 생각하는 자신의 모습은 무엇이었을까.

미국에서 근대화를 경험한 프리다는 근대화에 대한 배타적 소외감을 드러낸다. 그녀에게 미국은 낯선 이방인의 땅이었고, 문화적으로 수용할 수 없는 괴리의 대상이었다. 이후 그녀의 멕시코에 대한 정서적 탐색은 자신에 대한 탐색과 함께 본질적인 관심의 대상이 된다.

결국, 두 사람은 멕시코로 돌아왔고, 두 개의 건물을 구름다리로 연결한 집에서 새로운 예술과 창작의 열정에 불을 지피기 시작하였다. 비슷한 듯 하면서도 서로 다른 두 사람은 가까운 듯 더 이상 가까워지지 않는 두 채의 건물처럼 독립성을 유지하고 있었다. 구름다리로 연결된 두 건물처럼 두 사람은 긴밀하게 연결된 채 삶과 예술의 방향성을 찾아가고 있었다. 하지만 태생이 난봉꾼인 디에고에게 여인들과의 육체적 결합은 유희였고, 삶의 원동력이었으며, 그저 해프닝이었다. 문제는 이번에는 다른 사람이 아닌 프리다의 친 자매가 상대였다는 점이 두 사람 사이에 본질적인 문제를 더 이상은 덮을 수 없게 만들었다.

　　디에고와 프리다는 결별할 수밖에 없었고, 프리다는 자신의 길잡이였던 디에고와 헤어지면서, 외부와의 창을 잃게 되었다. 디에고와의 결별은 프리다에게는 한편으로는 그녀 자신의 내면으로 더욱 집중하는 계기가 되면서도, 다른 한편으로는 새로운 삶의 방식을 향한 선택의 열린 가능성으로 연결된다. 자기 자신을 살펴보는 계기를 맞이한 것이다. 물론, 그녀의 방황이 끝난 것은 아니다. 그녀 자신에게서 정신적인 평온함과 안정을 찾을 수 없었기 때문이다. 하지만, 자신을 들여다본다는 것은 자신의 아픔을 있는 그대로 직면하려는 용기가 필요한 행위이며, 자신의 아픔을 치유할 수 있는 계기를 만날 수 있다는 점에서 결코 소모적인 시간은 아니었을 것이다.

프리다가 그린 크리스티나의 초상화. 프리다는 크리스티나에 대한 깊은 신뢰와 애정을 히물이뜨린 디에고에 대한 분노와 배신감에 휩싸이며, 정서적인 충격 상태에 빠진다.

 방황과 고뇌의 힘겨운 시간들을 보내던 어느 날 디에고는 망명길에 오른 트로츠키를 정치적으로 도와야 한다며, 프리다의 협조를 구한다. 자신의 집에서 사회혁명 실천가인 트로츠키 부부의 안식처를 제공하던 프리다는 그와 정서적인 미묘한 교류를 경험한다. 그와의 만남은 프리다에게 삶의 새로운 자극이 된다.

 충동적이고 우발적인 사랑과 정열의 시간들을 겪으면서도 프리다는 디에고와의 관계에서 벗어나지 못한다. 교통사고가 그녀의 삶의 결정적인 전환점을 마련하였다면, 디에고와의 만남은 그녀 삶의 운명적 속성을 결정한 것이라 할 수 있지 않을까.

 디에고의 아내 혹은 연인으로서 프리다가 아닌, 예술가로서 프리다의 명성이 차츰 높아지면서 프랑스 파리에서 그녀의 초대전이 열린다. 하지만, 파리의 예술가들과 언론이 주목하는 것은 자연인 프리다가 아닌, 멕시코 여인으로서 프리다였음을 그녀는 깨닫는다.

 50편이 넘는 자화상을 남긴 프리다는 화가로서 자신의 삶을 내밀하게 살펴본 작가이다. 자기 스스로의 모습을 관찰하고, 외상에 의한 내면의 트라우마가 자신의 삶을 지배하고 억압하는 기제로서 기능하는 관계망을 때론 제3자로서 살펴보는 그녀의 시선은 스스로의 삶을 응시하는, 때론 자신의 삶을 위로하고 가슴 아파하는 위로자의 시선을 지닌다.

영화는 다시, 프리다가 침대에 누운 채 트럭에 실려 가는 장면의 모티브와 연결된다. 이제 다시 그녀의 전시회 장면이다. 많은 사람들이 축하하는 가운데 화가로서 프리다 자신의 모습을 성찰하는 계기로서 전시회의 의미이다. 프리다, 그녀는 누구였나. 그녀가 추구했던 것은 무엇이었을까. 원숭이와 사슴, 기이한 동물들과 식물, 그리고 꽃들. 이들은 표상으로서 멕시코의 이미지였으며, 그녀의 정신과 문화를 형성하는 본질적 요소들이다. 나는 누구이고, 무엇을 위해 살아가는가.

영화에서는 생략하고 있는 부분이지만, 프리다의 죽음 이후 디에고는 급격하게 쇠약해지고, 얼마 시간이 지나지 않아 죽음을 맞이하게 된다. 프리다와 디에고 두 사람의 관계는 서로에게서 떼어낼 수 없을 만큼 긴밀한 관계로 연결되어 있다. 몇 번의 만남과 헤어짐, 사랑과 열정, 그리움과 증오, 결별과 애착, 친구이며 동료였던 두 사람은 결코 서로에게 충실했던 존재는 아니었다. 하지만, 서로의 삶에 무궁한 영향을 끼쳤다.

　프리다의 죽음은 하늘을 자유롭게 나는 꿈이요, 불꽃처럼 타올라 사
라지는 열정적 삶의 흔적일 지도 모르겠다. 분명한 것은 화가로서 프리
다가 가장 관심을 두었던 것은 프리다 자신이었다는 사실이다.

　프리다 칼로가 여성으로서 자기 자신에게 주목하였고, 독립된 인격
체로서의 삶을 추구했다는 사실은 1980년대 미국 중심의 패미니즘 운
동으로 연결되었고, 프리다는 여성운동가들의 집중적인 조명을 받게
되었다. 그녀에 대한 전기가 나왔고, 그녀의 작품에 대한 다양한 해석
들이 발표되기 시작했으며, 개인으로서 여성으로서 전문예술인으로서
프리다의 삶의 독창성과 독립성은 여러 계층의 사람들에게 이슈가 되

기 시작하였다. 21세기 대한민국 사회에서도 멕시코 화가 프리다 칼로에 대한 관심은 여전하다. 영화가 주는 여운이 채 사라지기 전에 내게 묻는다. 나는 누구인가.

2.
<판의 미로>,
일상의 환상과 역사적 현실
사이에서 동화적 미로 그리기

　멕시코 감독, 기예르모 델 또로의 미로는 인생의 본질을 동화적으로 찾아가는 과정이다. 미노타우르스가 지키는 출구 없는 신화 속 미로도 아니고, 작가 보르헤스가 말하는 지적 유희를 위한 사변적 미로도 아니다.

　델 또로 감독은 <판의 미로>에서 '자신을 찾아가는 진실한 여정'으로서 미로를 얘기한다. 순수한 영혼을 지닌 꿈꾸는 소녀, 오필리아는 꿈을 잃은 채 현실의 냉혹함 속에서 살아가는 우리를 신비로운 여행으로 초대한다.

　오필리아는 갈등과 폭력이 난무하는 어른들의 공간에서 이질적인 존재이다. 순수함으로 상징되는 어린이의 모습이다. 순수한 '영혼'으로서 오필리아는 냉엄한 현실에 노출된 가녀린 소녀이다. 그녀는 비극적 폭력이 난무하는 세상에서 순수함의 상징적 존재이다. 극단적인 폭력과 잔혹함에 대비되는 순진무구한 소녀의 존재는 우리의 삶이 얼마나 폭력과 파괴에 의해 위협을 받고 있는지 상기시켜주는 장치이다.

　영화 속 오필리아는 우연하게 밝혀진 자신의 정체에 대한 이야기를 마음으로 믿음으로서 자신에게 주어진 황당한 사명을 무조건적으로

받아들인다. 어른들처럼 계산하고, 이해득실을 따지는 것이 아니라, 주어진 이야기를 사실로서 받아들이고, 자신이 할 수 있는 최선의 몫을 감당하려는 오필리아의 주제는 역사성의 거친 실체로서 구현되는 '전쟁'과 오버랩되면서 두드러진다. 따라서, 영화를 이끌어가는 행위의 주체가 무력이나 특수 권력, 능력도 없는 소녀인 것이다. 오필리아는 구체적인 소녀가 아니라, 우리 인간 안에 존재하는 선하고 순수한 존재적 부분일 지도 모르겠다.

영화의 현실적 배경은 스페인 내전이 끝난 뒤에 산간 지역에서 간헐적으로 벌어지던 총격전이다. 감독은 멕시코 혁명을 무대로 하고 싶었지만, 영화적 구성을 위해 당시의 상황이 지닌 복잡함 때문에 좌파와 파시스트의 대결 구도로 관계가 보다 분명한 스페인 내전을 선택하였다고 한다.

델 또로에게 스페인 내전과 멕시코 혁명은 동일한 대상이며, 인류 역사의 수많은 전쟁의 참상이 지닌 폭력성의 전형이다. 소녀의 존재는 전쟁의 폭력성 앞에 무고한 영혼이 겪는 아픔을 의미하기 때문이다. 서로 다른 이름의 폭력과 잔혹함이 지니는 본질적인 의미는 순수함과 선함에 비교하여 언제나 같은 얼굴을 하고 있을 뿐이다.

영화의 판타지적 배경은 괴물 두꺼비와 요정과 판이 살아 활동하는 상상의 공간이다. 젖은 흙과 썩은 낙엽이 역사적 시간을 가늠하기 어려운 시간 너머의 이미지를 보여준다. 켈트 신화와 고대 신화적 요소가 한데 뒤엉킨 상상적 공간이다. 스페인 북부 산간지역의 음습한 대기와 지하 동굴의 분위기는 묘하게 닮아있다.

현실과 판타지를 연결하는 것은 주인공, 오필리아이다. 세상의 잔혹함을 이겨낼 수 있는 존재가 바로 순수한 영혼이기 때문이다. 소녀는

오필리아의 꿈과 몽상은 많은 예술 작품의 모티브가 되었다. 프랑스 화가 오딜롱 르동의 작품

2. <판의 미로>, 일상의 환상과 역사적 현실 사이에서 동화적 미로 그리기

전투가 벌어지는 요새에서 요정을 만나고, 그의 안내로 판타지의 세상
으로 들어간다.

그리스 신화와 켈트 신화의 느낌을 함께 지니고 있는 판은 오필리아
가 지하 세계 공주의 환생이며, 세 가지의 비밀 열쇠를 손에 넣는다면,
본래 고향인 지하 왕국으로 돌아갈 수 있다고 말한다. 행복한 시절의
고향에 대한 그리움, 지하 왕국은 전쟁과 공포로 가득한 위선적인 가짜
세상에 대한 보상이다.

삶과 죽음이 잔혹함을 배경으로 교차되는 현실에서 소녀가 선택된
것은 운명 때문일 수도 있지만, 정말 중요한 것은 소녀가 판의 이야기
를 받아들이는 태도에 있다. 괴기한 분위기의 판의 이야기가 진실인지,
거짓인지 소녀는 구분하고 판단하려 하지 않는 것이다. 그녀는 고뇌하
지 않는다. 비록 두렵고 알 수 없는 대상이지만, 판의 지시에 따른다. 어
둠 속으로 들어가는 것이다. 괴기한 모습의 판으로 분장한 더그 존스의
연기는 어두운 세계의 그로테스크한 특징을 디테일하게 살리고 있다.
진지하면서도 세밀한 그의 역할은 빛과 어두움의 경계가 뒤엉킨 판타
지의 세계를 효과적으로 보여주고 있다.

순수한 영혼으로서 오필리아는 초승달로 상징되기도 한다. 보름달이
뜰 때까지 세 가지 비밀의 열쇠를 찾아야 하는 임무를 수행하기로 한

판은 괴기한 빛과 어두움의 경계를 넘나드는 환상의 세계를 상징한다.

오필리아는 빛이 없는 어두운 하늘의 초승달과 같은 존재이다.

오필리아는 세 가지의 열쇠를 찾기 위해 순순하게 마법의 책을 펼쳐든다. 그녀가 수행해야 할 임무가 양피지 책의 느낌처럼 펼쳐지는 이미지들을 통해 전달된다.

첫 번째 열쇠는 말라죽어가는 거대한 나무 밑에 살고 있는 괴물 두꺼비를 제거하는 과정에서 찾게 된다. 괴물 두꺼비는 생명의 성장을 방해하는 암과 같은 존재이며, 현실계에서 이념에 의한 갈등으로 폭력을 자행하는 주체이다. 두려움과 공포에도 불구하고 그녀는 의당 해야 할 일을 해나가듯, 나무 둥지 사이를 통해 괴물이 살고 있는 지하 공간으로 들어간다.

두려운 존재와 맞서는 것은 분명 용기이다. 나무 둥지의 입구는 혐오스러운 괴물 두꺼비가 살고 있는 곳이기도 하지만, 성스러운 의례를 위한 자궁의 입구와도 같다. 혐오스럽고 두려운 벌레들과 괴물 두꺼비를 물리친 오필리아는 두꺼비의 끈적거리는 몸에서 열쇠를 찾는다. 재미있는 것은 오필리아에게는 온갖 악행을 일삼는 생명조차 그 의미가 본래부터 악한 것은 아니었다는 사실이다. 그녀의 손길은 악의 존재를 파괴하려는 것이 아니라, 평화로운 공존을 위한 깨달음에 있기 때문이다. 첫 번째 열쇠는 용기일 수 있지만, 또한 동시에 생명에 대한 사랑일 수 있지 않을까.

열쇠를 구한 오필리아는 마법 분필을 통해 화려한 식탁이 있는 방에서 다음 열쇠를 찾아야 한다. 영화 전개는 게릴라와 진압군 사이의 긴장 구도를 배경으로 진행된다. 오필리아는 여전히 현실에 있으면서, 동시에 판타지를 드나든다. 환상과 현실은 하나이면서, 둘이다. 혹은 둘이면서, 하나가 되기도 한다.

두 번째 열쇠는 유혹을 이겨내는 절차다. 역시 더그 존스가 열연한 살인귀는 음식으로 아이들을 유혹할 수 있도록 미끼를 펼쳐둔 채 잠을 자고 있다. 그의 얼굴에는 눈동자가 없다. 오랫동안 굶주려 늘어났던 살이 쳐져 만들어내는 끔찍한 외형의 괴물은 '절대 음식을 먹으면 안 된다'는 판의 경고를 지켜내기에는 무방비이다. 그녀를 돕던 요정의 희생으로 오필리아는 두 번째 열쇠인 단검을 손에 넣을 수 있다.

창백한 얼굴의 식인귀의 모티브는 프란시스코 고야의 그림, [사투르노]에서 찾을 수 있을 것 같다. 시간의 속성에 대한 알레고리로서 크로노스의 의미는 김기덕 감독의 <봄, 여름, 가을, 겨울, 그리고 봄>에서 생명이 지닌 시간 속에서의 순환성에 대한 은유처럼 보인다. 탄생에서 소멸까지의 이야기는 새로운 생명력으로 연결된다.

생명의 순환고리는 인간 사회에서의 갈등과 폭력처럼 먹이사슬의 잔혹성을 모두 포함하기도 한다. 물론, 영화에서는 잔혹성과 기괴함이 보다 전면에 부각되는 장면이다. 자식을 잡아먹는 아비의 잔혹함인 것이다.

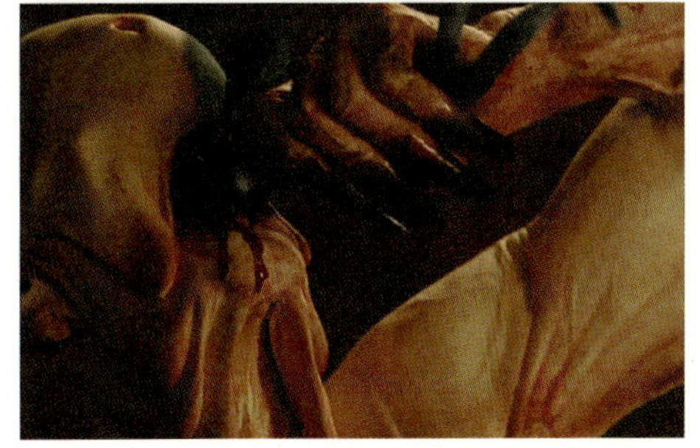

오필리아는 특히, 아직 초경을 하지 않은 나이의 어린 소녀이다. 절대적 순수성에 근접한 어린 여인인 것이다. 초경 이전 소녀의 순수한 이미지는 많은 예술작품의 모티브가 된다. 순수함과 무결함의 상징이 되기도 한다. 절대악에 가까운 현실의 폭력성과 잔혹성에 맞서기 위해서는 절대선에 가까운 순수함과 무결함이 필요하기 때문이다. 오필리아의 순수성은 전쟁의 참혹함과 대비되어 자연스레 드러난다.

영화 속의 현실과 환상의 공존은 불안하다. 잔인한 파괴의 현실적 공간은 환상 속에서도 팽팽한 긴장감으로 연결된다. 현실과 환상이 분리되어, 환상의 세계에 몰입한 소녀를 보호하는 것이 아니라, 여전한 긴장감으로 소녀와 관객의 신경을 곤두세운다. 전쟁이라는 극한 상황은 거짓말 같고 상상하기도 어려운 환상 속의 전경처럼 벌어진다. 꿈이거나 거짓이었으면 좋았을 전쟁의 긴박함은 차라리 악몽이었으면 좋으련만, 뚜렷한 실체로서 소녀의 환상까지 지배한다. 소녀가 수행해야 하는 통과의례는 잔혹하다. 성인식을 치르듯, 삶의 고단함과 냉

혹함을 극복해야 하는 오필리
아가 안쓰럽다. 그런데, 영화는
소녀 주인공이 현실 사회에서
당당하게 강한 존재가 되어야
한다고 주장하지 않는다. 사회
가 냉혹하니까, 손과 발을 담금
질해야 한다고 강요하지 않는
다. 오히려, 그 반대이다. 순수
한 소녀의 영혼이 강한 칼보다
더욱 확고하게 악을 물리칠 수
있으며, 어둠 속에 빛을 가져다
줄 수 있기 때문이다.

엄마 뱃속의 아기가 무사하
게 태어날 수 있도록 만드레이
크 뿌리를 우유에 담그며 자신
의 역할을 수행하는 오필리아
는 여전히 순진무구하다. 죽어

크로노스의 알레고리를 묘사한 고야의 [사투르노]

가는 나무를 안타까워하며, 끔찍한 벌레와 괴물두꺼비와 대면했던 오
필리아는 아기의 생명을 보호하고, 엄마를 낫게 할 수 있다는 생각만으
로 행복하다. 그러나 현실은 결코 만만하지 않다. 그녀의 엄마 곁을 지
키며, 자신의 정신을 계승할 아들을 기다리는 새아버지 비달 대위라는
냉엄한 현실 때문이다. 정교한 시계의 움직임처럼 획일적이고 규율적
인 비달 대위는 오필리아의 희망과 꿈, 상상의 세계를 짓밟아 송두리째
파괴하려는 대척점이다. 선과 악의 대결구도처럼 비달 대위는 오필리

아와 철저하게 대립하며, 둘 사이의 긴장 구도는 영화의 마지막에 정점
으로 치닫는다.

초승달이 뜨는 날부터 시작된 소녀의 임무는 보름달과 함께 클라이막
스로 향한다. 달이 없는 어두운 밤은 악과 부정과 잔혹함이 지배하는 시
간이다. 오필리아는 초승달처럼 어둠 속에 미약함으로 아름답게 빛나
는 작은 빛이다. 하지만, 그녀의 통과의례가 계속될수록 달의 크기도
커진다. 드디어 보름달이 되는 날, 판은 마지막 비밀의 열쇠로서 아기
를 데리고 미로의 중앙으로 올 것을 지시한다. 세 개의 열쇠로 비밀을
풀어가는 이야기의 시작이 초승달로 시작되어, 보름달에 완성이 되어
야 하는 것이다.

아들에 집착하는 비달 대위는 오필리아의 뒤를 쫓고, 게릴라는 군인
들을 거의 제압했다. 극한 대립과 갈등의 저울추가 어느 한 편으로 기
울 수 있는 순간이다. 아무나 들어갈 수 없었던 미로의 세계에 현실의
인물인 비달 대위가 뒤따라 들어가면서 영화는 현실과 환상의 경계를
허문다. 절대적인 위기의 시간이 도래한 것이다. 급박한 순간, 판은 세
번째 비밀의 열쇠는 단검으로 아기의 피를 보름달의 빛에 비추어질 수
있도록 해야 한다고 얘기한다. 이미 모든 것은 예정되어 있는 것이며,
그저 시험일뿐이라고. 무엇이
진실인지 알기 어렵다. 설령
진실이 존재하며, 자신의 선택
에 의해 그 의미가 밝혀진다
고 인식될 때, 그 과정은 영화
의 제목처럼 미로의 이미지로
비유되곤 한다.

달은 어둠 속에 드러나는 선하고 순수한 상징이다.

진실의 미로는 삶과 죽음의 선택을 결정짓는 미로로 표현되곤 한다.

오필리아는 동생을 죽일 수 없다. 스스로 희생을 선택한 것도 아니었다. 그저, 아기를 죽이는 대신, 죽임을 당한 것이다. 악의 힘이 극렬해지는 것조차 받아들인 것이다. 다만, 숭고한 생명에의 사랑을 지닌 채. 오필리아는 비달 대위의 총에 쓰러지고, 순수한 영혼의 피가 흘러내리고, 보름달이 미로 중앙에서 피를 밝힌다.

영화는 다시 현실과 환상으로 나뉜다. 가슴에 피를 흘리며, 죽어 있는 오필리아의 위로 밝은 달이 비춘다. 게릴라와 유모 메르세데스는 아기를 구하고, 비달을 처단한다. 슬픈 위로의 자장가가 들려온다. 하지만, 환상의 시간이 새롭게 열린다. 오필리아는 폭력이 없는 평화의 공간에 도달한다. 지하세계 공주의 모습으로 돌아온 것이다. 아빠와 엄마, 그리고 아기가 자신을 기다리는 행복한 상상의 세계로.

세 개의 비밀 열쇠를 찾아 운명적인 사명을 완수하는 오필리아의 이야기는 고난을 헤쳐가며 자신이 누구인지 확인하는 성장영화의 틀을 지닌다. 안쓰럽다. 소녀가 구하려는 것은 세상이 아니다. 우연히 자신이 받아들여야 한다고 믿게 된 사명을 위해 자신을 온전히 바치고 있을 뿐이다. 전쟁의 참혹함과 두려움이 주는 공포와 현실을 극복할 수 있는 힘이 소녀에게는 없다. 오필리아는 그저 꿈을 꾸고, 상상을 하는 감성이 풍부한 소녀일 뿐이다. 전쟁을 몰고 오는 이념의 대립이나 계층 간의 갈등도 소녀의 관심일 수 없다.

동화처럼 맑은 표정의 주인공을 이토록 힘든 고난에 빠뜨리는 이야기나 소설도 우리에게는 익숙하지 않다. 무시무시한 긴장감 속에 괴이한 캐릭터들 사이에서 그저 홀로 일어서야 하는 오필리아는 관객의 마음에 안쓰러움을 안겨준다. 동화적 달콤함이 배어 있는 몽환적 환타지를 생각했던 관객이라면 조금은 당황스러울 수 있다.

그런데 생각해보면 동화라는 장르는 현대의 산물이다. 이솝 우화가 인도 지혜서의 단편들이 중동을 거쳐 유럽으로 흘러들어간 것이 채록된 형태로서 현대화의 과정을 천 년 이상을 겪어 낸 산물이며, 라뽕뗀이나 사마니에고 등이 또 다른 이솝인 것처럼, 그림 형제로 대표되는 중세의 동화들 또한 현대화의 과정을 거치면서 동화의 기본 형태만 남겨진 산물이다. 그렇다고, 동화란 없었으며, 현대 동화의 장르는 아이들

프랑스 화가 오딜롱 르동의 오필리아 주제에 의한 작품

을 위한 것이라기보다 상업적 목적이 더 큰 배경이라고 얘기한다면 천기를 누설한 것일까, 아니면 현실을 여과 없이 드러내는 매정한 태도일까. 그래도 영화를 본 관객은 잔혹한 동화가 아니라 아름다운 판타지라는 인상을 받는다.

3.
체 게바라의 '나를 찾아 떠난
여행'과 <모터싸이클
다이어리>

체 게바라에 대한 관심과 열기는 여전하다. 저항과 혁명의 순수한 이미지는 제임스 딘의 반항적 이미지를 뛰어넘어 현대 문화상품을 대변한다. '이유 없는 반항'을 넘어, '이유 있는 저항'의 실천적 인물이라는 상징성 때문이다. '체'로도 불리는 게바라의 얼굴이 새겨진 티셔츠와 모자, 책 등은 그가 추구했던 이념과 무관하게 전 세계 젊은이들의 마음에 위로와 영감이 되기도 한다. 그가 피델 까스뜨로처럼 권력의 핵심에 머물렀다면 결코 받지 못했을 인기가 아닐까. 혹은 제임스 딘이 그러했던 것처럼 젊음의 열정이 식기도 전에 먼저 세상을 떠났기 때문일지도 모르겠다.

쿠바 혁명 현장에서 체 게바라의 인기는 실로 대단한 것이었다. 혁명이 성공한 이후 그는 피델에게 혁명의 완수를 맡기며, 자신은 모든 권력을 포기하고 제2의 쿠바 혁명이 필요한 곳을 찾아 떠났다. 자신이 머물러야 할 시간과 장소를 알았던 젊은 혁명가, 체 게바라에 대한 평가는 많은 부분 감상적 시각에서 이뤄지고 있다. 세계의 수많은 젊은이들이 티셔츠에 새기고 있는 체 게바라의 이미지가 과연 무엇을 의미하고 있는 것일까. '저항', '반항', '혁명' 등은 쿠바라는 역사적 실체와 무관하게 젊은 세대들 고유의 열정과 저항, 그리고 모험으로 해석되고 있는 것은 아닐까.

<모터싸이클 다이어리>는 한 영웅의 젊은 시절에 대한 영화이기에 역사적 회상에 대한 의미를 지닌다. 또한 성장과정에 대한 이야기이기에 로드 무비로서의 가치도 함께 한다. 영화의 말미에 게바라가 자신의 여행이 지닌 의미에 대해 회상하는 장면을 보면, 몇 년 후 쿠바 혁명의 선봉에서 사회 변혁의 실천을 직접 경험하면서 저항과 혁명의 생생한 전설이 되기 이전 체 게바라의 성장 과정을 엿볼 수 있다.

쿠바의 수도, 아바나에 있는 국회의사당 까삐똘리오(Capitolio) 앞에는 체 게바라의 복장을 한 채 관광객과 함께 사진을 찍어주고 용돈 그 이상을 벌어들이는 '외화벌이꾼', 짝퉁 게바라들이 몇 명 있다. 시가를 즐겨 피웠던 체 게바라가 그러했을 것처럼 시가를 입에 물고, 베레모를 쓴 채 장발과 수염을 기르고 있는 그들은 체 게바라의 향수를 불러일으킨다. 그 가운데 한 사람이 저자에게도 관심

원작 소설의 영문판 표지.

을 보였으나, 체 게바라의 재연에 신이 난 미국 관광객들이 선뜻 포즈를 요구하는 바람에, 멀리 한국에서 날아온 카메라에 거래도 없이 사진 찍히고 말았다.

쿠바에서 체 게바라의 인기가 높은 것은 사실이다. 하지만, 쿠바인들은 관광객들이 무엇을 요구하는지 알기 때문에 그들의 요구에 맞는 상품을 선보이고 있다는 의미에서 상황을 볼 수 있어야 한다. 물론, 피델 까스뜨로와 체 게바라의 인기를 비교하는 질문을 한다면, 평균적으로는 체 게바라의 인기가 훨씬 높을 것이다. 현실 정치인으로서 피델에 대한 불만은 생각보다 공식화되기도 하기 때문이다. 중요한 것은 그들보다 훨씬 중요한 인지도와 인기를 끌고 있는 인물은 쿠바의 2차 독립 전쟁을 이끌었던 시인이며, 정치인이었던 호세 마르띠라는 사실이다. 그는 쿠바의 국부이며, 자존심으로서 쿠바의 국가적 이미지이다.

쿠바 혁명의 주인공이며, 60년대 이후 변혁의 상징이 되었던 게바라

체 게바라에 대한 평가는 사회 문화적 가치에 따라 다양하다.

가 의대생이던 젊은 시절, 자신의 라틴아메리카 종주 여행을 하며 쓴 여행기인 [모터싸이클 다이어리]는 책만큼이나 영화를 통해 많은 사람들과 만났다. 로버트 레드포드가 영화의 제작을 맡았고, <중앙역>의 살레스 감독이 메가폰을 잡았다는 사실은 영화 <모터싸이클 다이어리>가 이미 문화상품으로서의 가치를 배경에 입고 있음을 반증한다.

흥미로운 점은 제작자의 요구에도 불구하고, 라틴아메리카인인 브라질 감독 살레스는 라틴아메리카라는 연대감 때문인지 스페인어를 고집했다는 후문이다. 물론, 영어로 제작하는 것과 스페인어로 제작하는 것의 차이를 일반 관객은 특별하게 실감하지 못할 수도 있다. 그러나 실존 인물의 이야기를 모국어로 얘기한다는 것은 영화가 지닌 드라마 구성의 중요성만큼이나 역사성에 그만큼의 무게가 더 실릴 수 있다는 의미와 통한다.

전설이 되어버린 체 게바라는 상업적 시각에서 매우 매력적인 캐릭

터인 것은 분명하다. 하지만, 라틴아메리카와 전 세계 젊은이들에게 게바라가 지니고 있는 의미는 순수한 열정과 숭고한 희생, 그 무엇인가에 대한 향수이며, 추억이기에 살레스 감독은 스페인어를 구사하는 배우를 통해 전설이 되어버린 영웅의 젊은 시절의 순수함에 대해 얘기하려한다. 영화는 여행기를 기본으로 제작되었다.

게바라는 친구, 알베르또 그라나도와 1952년 라틴아메리카 종주 여행의 다소 무모한 꿈을 실천에 옮긴다. '힘이 세다'는 뜻이지만, 실상은 낡은 오토바이였던 뽀데로사(Poderosa)를 타고 수개월에 걸친 기약하기 힘든 여정에 오른 것이었다. 역시, 이름과는 달리 오토바이는 여러 차례 문제를 일으킨다.

원래 여행기에서는 꼬르도바에 있는 그라나도의 집에서 출발하는 것으로 되어 있지만, 구체적인 장소는 그리 중요하게 묘사되지 않았다. 영화는 아르헨티나의 수도, 부에노스아이레스(Buenos Aires)에 있는 게바라의 집에서 여행이 시작되는 것으로 설정한다.

거대한 초원의 땅인 팜파스를 거쳐 두 젊은이들은 칠레로 향한다. 대초원 지역인 팜파스는 소를 비롯한 가축을 방목하는 거대한 농장이다. 그들은 아르헨티나의 카우보이인 가우초(Gaucho)를 만나고, 많은 농장들을 지난다. 여러 로드 무비들이 그러한 것처럼 수많은 새로운 경험으로 두 젊은이들은 생생한 삶의 역사에 눈을 뜨게 된다. 광활한 대지에 대한 경험은 북으로 막혀 지형적인 확장을 체험하지 못하는 우리네 젊은이들에게는 그저 부러움의 대상이다. 우리는 언제쯤 아시아 대륙 종단 여행을 꿈꿀 수 있을까. 아니, 일단 한반도 종주 여행의 꿈이 실현될 수 있는 날은 과연 올 것인가.

험준한 안데스 산맥을 넘어 칠레에 도착한 이들은 이번에는 남에서 북으로 진로를 정한다. 유적이 서려 있는 곳에서 자연 풍광이 아름다운 곳까지 그들은 다양한 라틴아메리카의 모습을 직접 체험한다. 초원에서 고산지대로, 다시 사막으로, 다시 산맥의 정점을 지나 아마존을 넘나드는 오토바이의

여행은 그 자체만으로도 아름답다.

영화가 진행되는 동안 혁명가 체 게바라를 기대했던 관객들은 조금은 실망할 수도 있다. 세상의 이치에 대해 주장하거나, 계층 간의 갈등을 지적하는 장면들을 찾기 어렵기 때문이다. 하지만, 두 젊은이들이 경험하는 것은 의도된 사회의식에 대한 경험이 아니라, 있는 그대로의 라틴아메리카를 구성하는 모자이크의 조각들을 하나씩 하나씩 경험하며 하나의 커다란 그림을 그려가는 행위이다. 우리가 여행을 하는 이유도 그러하리라.

저자도 그러했지만, 피라미드와 같은 유명 관광지에서는 모든 것을 벗어던지고 사색의 시간에 잠겨들어야 함에도 불구하고, 증명사진으로 흔적을 남기려는 조바심에 많은 것을 잃고 만다. 일상에서 벗어나는 여유로움과 더불어 때론 낯설고 새로운 장소에서 다양한 사람들과 자연을 접하면서 의식의 밑바닥에 억눌려 있던 크고 작은 창의적인 생각들이나 깨달음이 옹달샘 물이 솟아나오듯 조금씩, 그러나 신선하게 우리 삶의 방향을 일깨울 '울림'이 될 수 있다면, 여행은 성공적인 것이리라. 여행이 우리에게 주는 선물은 그러한 것이 아닐까.

게바라가 만나는 자연은 단순한 관광자원으로서 자연의 의미를 넘어선다. 국토순례를 떠나는 젊은이들이 국도에서 만나는 관광지의 스탬프를 찍기 위한 것이 아닌 것처럼, 게바라와 그라나도의 여행 또한 시각적 즐거움 이외에도 그 이상의 무엇을 위한 결과와 만난다.

페루를 여행하면서 이들은 잉카제국의 찬란한 유산을 만난다. 우주의 배꼽이라는 '꾸스꼬(Cuzco)'에서 게바라의 감회는 남다르다. 스페인의 침략과 수탈의 잔재로 남아 있는 유적지의 잔해들 사이에서 게바라는 찬란한 문명을 이루었던 원대한 원형의 문화와 그 정신을 보고 싶어

하는 것이다. 라틴아메리카를 바라보는 시각은 다양할 수 있지만, 누구를 주체적 입장으로 볼 수 있느냐에 따라 '저개발'의 서구중심적 시각이 '수탈'이라는 지역민 중심의 시각으로 대체될 수도 있을 것이다. 영화는 아름다운 자연 환경의 다양한 모습들을 관객에게 보여준다. 거대한 대초원 지역의 푸르름, 눈이 시리도록 하얗게 눈이 쌓인 안데스 산맥 봉우리들이 만들어 내는 절경, 아마존 강의 열대우림 지역을 건너는 이국적인 풍경들은 관객의 마음을 사로잡는다.

하지만, 영화가 관객에게 보여주려는 라틴아메리카의 또 다른 모습은 원주민들이 세웠던 찬란한 문화유산의 흔적에 있다. 비록 서구 제국주의의 식민정책의 피해자가 되어 식민국가의 오랜 경험으로 피해의식과 패배의식으로부터 자유롭지 못한 라틴아메리카이지만, 그들에게는 고유의 문명이 있었으며, 그러한 문명의 흔적은 유적지에서 발견되는 기둥과 벽에 있는 것이 아니라, 라틴아메리카 사람들의 마음에 정신 유산으로 분명하게 자리매김이 되어야 한다는 깨달음으로 연결된다.

체 게바라가 생각했던 라틴아메리카 종주 횡단의 원대했던 꿈은 과연 무엇이었을까. 산과 사막을 건너고, 강을 건너면서까지 다양한 모습으로 살아가는 사람들과의 만남을 경험하려는 의미는 어디에서 찾을

수 있을까. 영화의 마지막 장면은 게바라가 실천하고 행동하는 투쟁가가 되고 싶어 하는 계기를 보여주고 있다. 긴 여정에서 겪었던 갖은 경험들이 모두 소중하게 기억되어야 하는 것들이지만, 그에게는 그 모든 단편들이 하나의 그림을 만들기 위한 필수불가결한 요소들로 이해가 된다. 작은 경험들 하나하나가 모두 모자이크 그림을 위한 작은 조각이기 때문일 것이다.

산 빠블로(San Pablo) 나병 요양소에서 자신의 생일을 축하하는 파티가 끝나갈 무렵, 게바라는 자신을 보고 싶어 하는 나병환자들에게 가기

위해 강물에 뛰어든다. 원작에는
없는 장면이지만, 게바라의 모터싸
이클 여행이 과연 자신의 미래에
어떠한 영향을 미쳤을까, 하는 우
리 모두의 궁금증에 대한 살레스
감독의 배려라 할 수 있을 것 같다.

자신이 여행에서 만났던 수많은
사람들, 여러 계층의 사람들, 처지
와 입장이 다른 사람들이 모두 불
분명한 이념과 국가적 애국주의로
무장한 채 저마다 각자의 나라와
사회를 주장하며, 배타적인 울타리
안에 살아가고 있는 것은 아니었
는지.

라틴아메리카 대통합을 꿈꾸었던 시몬 볼리바르는 여전히 수많은 사람들의 꿈과 환상을 위한 롤 모델이다.

게바라의 소회는 남다르다. 시몬 볼리바르가 꿈꾸었던 대통합의 사회를 꿈꾸면서, 반목하고 대립하는 현실을 극복하고, 함께 힘을 모아 평화를 이룰 수 있도록 생각하고, 행동하는 실천인이 되고 싶다는 것이다.

젊은 게바라의 연설은 마틴 루터 킹 목사의 연설과 닮아 있다. 흑인과 백인이 함께 손을 잡고 미래에 태어날 자신들의 자식들을 위해 함께 걸어갈 수 있는 꿈을 꾸겠다는 킹 목사의 연설과 게바라의 꿈은 수탈의 당사자였던 흑인노예와 원주민들이 겪었던 오랜 트라우마에 대한 치유의 꿈이다. 21세기 대한민국 젊은이들의 꿈은 무엇일까. 우리 스스로가 자신을 들여다보는 혜안을 길러야 할 일이다. 그리고, 우리의 시각으로 세계 속의 다른 이들을 보아야 할 일이다. 성급하게 세계인의 시각을 수용하려들고, 그들의 시각을 나의 생각인양 서둘지 않아야 한다.

라틴아메리카를 보는 시각은 분명 한국인의 시각에서 객관타당한 중립적 응시의 시선을 갖추려는 태도에서 정립되어야 할 것이다. 저개발을 개화하려는 서구중심적 태도의 합리화나 탈종속을 외치며 반외세에 저항하는 혁명적 태도 모두 양극의 시각이 되어, 보다 많은 가치와 개념들을 배재할 개연성에 노출될 수밖에 없다.

하물며, 제3자로서 한국인이 라틴아메리카를 보는 태도를 취하는 과정에서 위에서 언급한 양자적 시각들 가운데 어떠한 하나에 가까운 극단적 선택에 다름이 아니라면, 객관타당한 시각에 대한 정당화는커녕 어처구니없는 어릿광대의 은유적 행위와 비교될 수 있는 부끄러운 것은 아닐까.

4.
<달콤 쌉싸름한 초콜릿>과
사랑의 묘약의 비밀 레시피

멕시코 영화 <달콤 쌉싸름한 초콜릿>은 같은 이름의 소설을 영화로 만든 것이다. 현대 멕시코 소설을 대표하는 인기 대중 작가인 라우라 에스끼벨은 원래 영화용 시나리오를 집필했다. 하지만, 영화로 만들기에는 구성과 화면이 적절하지 않다고 퇴짜를 맞아 결국 소설로 먼저 출판하게 되었으며, 결국 소설의 유명세는 연극으로 연결되었고, 마침내 영화 제작으로 이어지게 되었다. 남편인 유명 영화감독 알폰소 아라우가 메가폰을 잡았으니, 라우라의 원작은 영화가 되기에 큰 어려움이 없었다. 영화의 흥행은 연극과 소설의 동반 흥행으로 반복되었고, 국내에도 긍정적인 반향을 일으켰다.

특히, 소설에서 활자만으로도 시각과 미각을 자극하며 놀라울 만큼 훌륭한 음식을 만들어 내었던 라우라는 이번에는 영상으로 시각과 미각을 자극하는 매력을 지닌다.

<달콤 쌉싸름한 초콜릿>은 우여곡절 끝에 얻게 된 해피엔딩의 아름다운 사랑이다. 불가능한 사랑으로 끝날 수 있는 배경에서 전개되는 이야기는 숙명적인 사랑에 얽힌 두 남녀의 비극적 사랑이 어려움에도 불구하고 유지될 수 있는 매개물로서 요리를 등장시킨다. 사랑을 음식으

왼편부터 원작 소설 표지, 연극 장면, 영화 포스터

로 전하는 이야기가 아름다운 결말을 이뤄내는 것이다. 현실에서는 결코 불가능할 것만 같았던 '이뤄질 수 없는' 애절한 사랑의 관계는 마음과 정성이 담긴 요리를 통해 힘겨운 단계를 견뎌낼 수 있게 만들었고, 결국 지상에서는 불가능하게 보였던 기적을 꽃피워낸다. 많은 영화에서 음식과 사랑은 식욕과 성욕으로 비유되곤 하지만, 이 영화에 등장하는 음식에 대한 이야기는 식욕으로서 성욕을 자극하는 매개에 머물지 않는다. 사람들의 살아가는 이야기와 아픔과 희망, 그리고 운명과 같은 사랑이 모두 음식을 통해 삶의 영양소를 제공하는 얘기이기 때문인 것은 아닐까.

불가능한 사랑의 비극은 뜨거움에 타들어가는 사람의 가슴에 비수를 꽂으며 죽음으로 초대하곤 했다. 하지만, 여전히 운명과 숙명의 사랑이란 여전히 수많은 선남선녀들에게는 비현실적이면서도 가장 매력 있는 모순된 목표가 되기도 한다. 노래 제목처럼 '이뤄질 수 없는 사랑'의 애절함을 가슴에 안고 귀신이 되어서도 허공을 떠도는 사랑의 이야기들은 지상에서의 만남과 인연의 소중함에 진력이 날 즈음, 이뤄질 수 없

었음에 더욱 애절하고 더욱 아름다운 사랑에 대한 온갖 전설들을 만들어 내는 신통함으로 권태기에 접어들거나 완벽한 짝을 만나지 못한 이들을 위로하곤 한다. 사랑의 불꽃으로 몸과 마음이 타버릴 것만 같았던 기억이 운명적인 사랑의 아름다운 이야기로 보상을 받을 수 있기를 간절히 바라게 된다.

낭만주의 시대의 사랑관은 현실도피적이었다. 완전하면서 운명적인 사랑이란 존재하지 않으며, 설령 존재한다 해도 결국 그러한 운명적인 사랑은 현실적인 장애물을 극복하지 못한 채 가슴 아픈 추억이 될 뿐이라는 것이 낭만주의 시대의 사랑이었다. 쉬운 사랑은 매력이 없었고, 어려울수록 그 실현 가능성에 목을 매곤 했다.

<달콤 쌉싸름 초콜릿>은 아픔에 대한 아련한 그리움과 이상화에 머물지 않고, 오히려 그러한 사랑을 극복하는 과정을 환상적으로 그려내

는 매우 특별한 매력을 지닌다.

소설이 일 년 열두 달이라는 구성 안에서 특별한 요리를 하나씩 병렬적으로 배치하는 것과는 달리 영화는 음식에 집중을 하되, 형부가 된 옛 연인과 금지된 사랑의 애절하고, 숨 막히는 숨바꼭질을 강조하고 있다. 영화는 매체의 특성상 서술의 리듬이 소설과 다를 수밖에 없으며, 따라서 리듬의 구성에 있어서 극적 요소를 강조하는 측면에 치중할 수

음식은 종종 사랑의 표현으로 묘사되기도 하고, 성적 환타지와 연결되기도 한다. 특히 신화적 모티브에 있어서 음식의 레시피는 사랑의 묘약의 이미지로 나타난다.

초콜릿을 끓이기 위한 물은 결코 넘치지 않아야 한다. 띠따의 사랑은 넘쳐서 불을 꺼뜨리지 않
는 지속적인 사랑이다.

밖에 없었고, 이러한 영화의 매력은 소설만큼이나 성공적으로 부각되
었다.

라우라 에스끼벨의 영화는 음식이란 만드는 사람에 따라 슬픔, 기쁨,
사랑, 역겨움 등 모든 감정을 전달할 수 있음을 얘기한다. 사랑하는 사
람의 곁에 다가갈 수 없어도, 음식은 사랑의 묘약이 되어 두 사람을 뜨
거운 열락의 기쁨으로 초대하기도 한다.

여주인공 띠따의 뻬드로를 향한 사랑은 온갖 역경에도 불구하고 음
식을 통해 두 사람의 몸과 마음에 아프로디테의 선물인 사랑의 묘약이
약효를 발휘할 수 있게 만든다.

영화는 멕시코 혁명을 배경으로 격변하는 사회의 변화에도 불구하
고, 여전히 변화를 실감하지 못하는 여성들의 이야기를 주제로 하고 있
다. 명문 가문인 '데 라 가르사' 집안에는 전근대적 권위와 전통이 지배

하고 있는데, 특히 집안의 막내딸은 출가를 포기하고 어머니를 도와 집 안을 돌봐야 한다는 악습이 대표적이었다.

띠따는 권위적인 집안의 실질적인 가장 마마 엘레나를 돌봐야 하는 운명으로 어린 시절부터 자신의 도피처를 부엌에서 찾을 수밖에 없었 다. 엄마의 억지와 독선을 참기 힘들 때에 빵이 익는 냄새며, 각종 향신 료가 고유의 재료들과 어울리며 만들어 내는 향과 맛의 매력은 띠따에 게는 해방구였다.

개인의 자유와 의지를 포기한 채 어머니를 모시며 독신으로 살아가야 한다는 악습에서 벗어나지 못하는 그녀에게 부엌은 자유로움을 허락하 는 위로의 장소였다. 관습적으로 여성의 노동이 강요당하는 장소였던 부엌은 띠따에게 해방의 자유로움이 가득한 특별한 공간이 되었다.

어떤 의미에서 띠따는 가부장제적 권위와 인습의 무게를 견뎌내야 했던 전근대 여성들의 모습일 수도 있다. 하지만, 영화는 패미니즘이나 해방을 부르짖는 것은 결코 아니다. 그저 개인의 아픔과 사랑의 이야기 를 들려주고 있다.

아직도 소녀이던 그녀에게 청년 뻬드로가 들어왔다. 그 또한 그녀의 존재를 알아차렸고, 그 순간 둘은 홀린 듯 서로의 존재에 강하게 끌리 기 시작했다.

청년 뻬드로가 정식으로 청혼을 했으나, 마마 엘레나는 막내딸은 자신을 돌봐야 하는 운명이며, 대신 언니인 로사우라와 결혼할 것을 제안한다. 폭력적인 관습을 고집하는 마마 엘레나의 생각을 바꿀 수도 없을 뿐 아니라, 사랑하는 띠따의 곁에 머물 수만 있다면 언니인 로사우라와 결혼하는 것도 차선책은 되겠다는 뻬드로의 결단으로 띠따와 뻬드로는 형부와 처제의 이뤄질 수 없는 사랑의 관계가 되고 만다. 스페인 영화, <아름다운 시절>에서 네 명의 자매들과 차례로 관계를 맺었던 이야기나 한국 영화, <누구나 비밀은 있다>에서 예비 처형의 공허한 마음을 엉뚱하게 육체적인 사랑으로 어루만졌던 이야기에도 형부와 처제, 제부와 언니의 금지된 사랑이 전혀 심각하지 않은 소재로 다뤄졌던 기억이 있다. 현실의 이야기라기보다는 영화적 상상력이 허용하는 장치이리라.

<달콤 쌉싸름한 초콜릿>은 단순하게 처제와 형부의 불륜이나 로맨스를 가장한 모험과는 다소 거리가 있다. 숙명적인 사랑의 비극적인 결말이기 때문이다. 뻬드로는 띠따의 곁에 있다는 생각만으로, 띠따는 뻬드로에게 음식을 만들어 줄 수 있다는 생각만으로 서로의 사랑을 확인하기에 이른다.

띠따가 주방을 맡은 지 일 년이 되는 날이라는 핑계로 뻬드로는 아내

와 장모가 보는 앞에서 띠따에게 마음이 담긴 꽃을 건넨다. 몇 개월씩 잠자리를 하지 않던 아내와 억지로 뒤늦은 첫날밤을 보내면서까지 띠따에 대한 사랑을 간직하고 있는 뻬드로의 마음속 프로포즈였다. 임신한 아내는 물론이고, 폭력적으로 권위적인 장모의 견제가 더욱 심해졌음은 물론이다. 버려야만 했던 장미는 가시로 상처를 주었지만, 그래도 행복한 띠따는 장미 꽃잎으로 음식을 만들어 사람들 마음에 억눌려 있던 사랑과 열정을 일깨운다.

근엄하기만 하던 어머니, 마마 엘레나는 큰딸 헤르뚜르디스의 생부 사진을 붙들고 묻어두었던 낭만과 열정에 빠져들었고, 헤르뚜르디스는 사타구니 사이에서 끓어오르는 그 무엇인가의 힘을 견디기 위해 샤워도 해보지만, 결국 달아오른 몸에 끼얹어진 물이 향기가 되어 수백 리 멀리에서 전투를 치르던 혁명군 후안 알레한드레스에게 전해지게 되었다. 후안은 홀린 듯 장미향을 찾아 말을 달렸고, 목조 샤워 부스를 결국 태워버린 헤르뚜르디스는 주체하기 어려운 욕망을 못 이겨 자신을 찾아오는 무언가의 힘에 이끌려 초원을 달리기 시작한다. 헤르뚜르디스를 발견한 후안은 나신의 그녀를 당겨 올려 자신과 마주하여 더욱 강하게 말을 달린다.

띠따의 요리는 맛과 향을 넘어서, 테라피의 효능을 지닌다. 초자아

(Super Ego)에 의해 마음속에 억눌려 있던 슬픔, 기쁨, 환희, 욕망을 분출하여, 진정한 자아(Ego)가 원하는 것과 느끼는 것을 해방시키는 치료적 효능을 지니고 있는 것이다.

특별한 요리를 만들어 내는 띠따에게는 특별한 레시피가 없다. 놀라운 요리에 대해 묻는 사람들에게 그녀는 그저, 특별한 방법은 없다고 대답할 뿐이다. 그러나 과연 그러한가. 마음을 담아 정성을 들이는 그녀의 요리 장면을 보면, 최근 요리와 관련된 드라마와 영화, 소설의 매력이 전혀 허구가 아님을 공감할 수 있다.

그러한 그녀도 계속되는 역경과 방해를 이겨내기는 힘에 부친다. 무엇보다 자신을 억누르고 있는 초자아로서 군림하는 마마 엘레나의 존재는 최대의 난관이다. 하지만, 아무도 덫에 걸린 사냥감을 구출해주지는 않는다. 스스로가 빠져나와야 하는 것이다. 불가능해 보이는 이러한 과정은 스스로가 해방군이 되어야 하는 인식이다. 혼령이 되어서도 자신을 지배하는 마마 엘레나에게 띠따가 소리쳐 하는 말이다. "이건 내 삶이고, 난 자유롭게 살 권리가 있어요!" 자유롭게 살 권리는 스스로가 투쟁하는 사람에게 그 기회가 주어진다. 친절한 존 브라운 박사도 자신을 사랑하는 뻬드로도 띠따의 아픔을 달래주고, 역경에서 구해줄 수 있는 것은 아니다.

결국, 우리는 스스로가 우리 자신을 돌봐야만 하는 것은 아닐까. 띠따 자신이 요리를 하면서 발견한 재능은 스스로의 마음에 전념하여 자신이 원하는 것을 추진할 수 있는 집중력에 있었던 것은 아닐까. 견제와 통제를 의식하고, 저항하는 것이 아니라, 스스로의 가장 깊숙한 내면의 소리를 실천으로 옮기려는 그녀의 의식은 이미 요리를 만드는 과정이 아니라, 종교이며 삶의 가장 진실한 의식이다.

영화는 물론 해피엔딩이다. 드디어 둘만 남게 된 두 사람이 방안 가득 촛불을 밝히고, 도둑 사랑이 아니라 진정한 사랑의 의식을 치르게 되는 것이다. 아무런 속박도, 허위 의식도, 집착도 없는 상황에서 서로만을 바라보는 띠따와 뻬드로의 사랑은 욕망의 절절한 표현이라기보다는 너무도 소중한 것에 대한 배려와 존중의 의례로 보이기도 한다. 사랑의 절정의 순간에 죽음을 맞이한 뻬드로와 운명을 함께 하려는 띠따는 자신이 홀로 아픈 마음을 달래며 뜨개질을 해서 만들었던 수백, 수천 미터의 긴 망토로 두 사람의 몸을 감싼 채 죽음을

선택한다. 오랫동안 절제하고 참아왔던 자신의 성냥에 불을 붙인 것이다.

영화는 영상을 매개로 비일상적인 이미지들을 창출할 수 있는 장점을 지닌 장르인만큼, 본 영화에서도, 몇몇 장면들은 현실적인 시각으로는 이해하기 어려운 이미지들로 가득하다. 물론, 초현실적이거나 비현실적인 장면들과 구성들은 마술적 사실주의에 대한 비교로 인용되기도

한다. 하지만, 소설과 영화는 모두 본격적인 마술적 사실주의의 기법을 활용하고 있는 작품들은 아니며, 문학과 예술이 지닌 고유의 특성으로서 상상력과 환상의 이미지들을 활용한 표현이라는 평가가 적절할 것이다.

<달콤 쌉싸름한 초콜릿>의 원제인 'Como agua para chocolate'는 초콜릿을 끓이기 위한 물로서, 영화에서는 넘치지 않은 채 끓여야 하는 상황으로서, 띠따가 지속해야만 했던 내면 욕망의 불길을 절제해야만 하는 간절함에 대한 은유적 표현이다.

멕시코 전통 사회의 인습과 가풍의 억지스러움에도 불구하고, 띠따가 보여준 사랑은 소유하지 못함에 조바심치다가 끓어 넘쳐 불을 꺼뜨리며 금방 식어버리거나, 물이 졸아 미적지근해지는 우리네 보통 사람들의 사랑의 모습과 본질적으로 비교된다.

5.

<영혼의 집>, 역사적 소용돌이 가운데에서 펼쳐지는 존재적 사랑과 소유적 사랑의 이야기

소설 표지와 영화 포스터

<영혼의 집>은 이사벨 아옌데(Isabel Allende)의 원작 소설을 빌 어거 스트(Bill August)가 메가폰을 잡아 완성한 영화이다. 인기 작가와 인기 감독의 만남에 의한 영화 제작은 화려한 캐스팅으로 그 기대감을 충족

시켰다. 메릴 스트립과 제레미 아이언스, 글렌 클로즈, 위노나 라이더, 안토니오 반데라스 등 호화 군단의 등장은 영화가 자칫 지루할 수 있는 140분의 상영시간에도 불구하고, 원작의 의미를 성공적으로 스크린으로 옮겼다는 평가를 받기에 충분하다. 소설 속에 등장하는 세밀한 부분을 영상이 빠뜨릴 수밖에 없었던 사실은 논외로 해야 하는 것은 물론이다. 두 장르가 제공하는 감동의 밀도와 시간, 그리고 여운의 정도가 기능적으로 목표를 달리하기 때문이다. 서술방식의 차이는 소설과 영화의 기능적 장치 탓이다. 책은 자유로운 시간의 리듬 속에서 진행되는 서사구조에 속한다. 언제고, 덮었다가 다시 열어 읽기를 반복할 수 있다. 소설이 제공하는 이미지는 정작 독자의 개인적 이미지 구성 능력에 많은 부분 의존하기 때문이고, 그러한 기능적 관계는 독자의 기억과 상상력을 자극하며, 입체적인 리듬을 지속할 수 있도록 허용한다. 영화는 보다 제한적이다. 따라서 이미지를 자극하기보다는 제공하는 장치에 주목한다. 어쩔 수 없는 선택의 문제이다.

원작자인 이사벨 아옌데는 삼촌이었던 아옌데 대통령이 1973년 피노체트에 의한 군부 구테타 과정에서 살해되었던 역사적 아픔의 이야기를 중심 모티브로 설정하여 칠레 정치의 다사다난했던 여정을 여성들의 이야기 시점으로 풀어간다.

저널리스트였으며, 군부정권의 박해를 피해 망명 생활을 해야 했던 이사벨 아옌데는 1982년 망명지 미국에서 처녀작 『영혼의 집』을 발표하였고, 일약 세계적인 성공을 거두게 되었다. 영화 <영혼의 집>은 여성작가로서 이사벨 아옌데의 장점을 잘 살리고 있다. 여성에 의한 '역사 다시 읽기'의 시각을 제시한다.

대통령 재직 당시 아옌데의 모습

군부 세력에 의해 암살되기 전날 경호원들과 함께 있는 아옌데 대통령

5. <영혼의 집>, 역사적 소용돌이 가운데에서 펼쳐지는 존재적 사랑과 소유적 사랑의 이야기

쿠바, 동독, 소련 정부가 발행한 아예데 대통령 기념우표

사실, 남성과 여성의 이야기가 굳이 다르겠느냐고 반문을 할 수도 있겠지만, 구태여 시점의 차이를 말하자면, 남성의 시각은 다소 이념적이거나 사회적으로 대의적인 관점에 주목을 하는 경향이 크다. 반면, 여성의 시각은 삶의 보다 세세한 감성과 그 변화에 집중하는 경향을 지닌다. 이념과 가치를 염두에 둔 담론이 아니라, 사랑하는 사람들의 헌신과 절망, 고난과 아픔의 이야기를 여성의 입장에서 그려내는 것이다.

확대하여 해석하자면, 상징적 의미에서 남성적 시각은 거시적 이야기에 주목하지만, 여성적 시각은 미시적 이야기에 주목한다. 물론, 현실적으로 남성과 여성의 존재론적 의미와 실체적 삶의 태도가 다르다는 것은 아니다.

<영혼의 집>은 네 여성의 시각을 상대적으로 비교하는 축으로 에스떼반을 설정함으로써, 남성적 시각과 여성적 시각의 교차를 통해 사회문화적 상황에 대한 보다 입체적이고 유기적인 상관관계를 펼쳐내고 있다는 점에서 여성 중심적 시각에 국한하지 않는다. 영화는 그러한 의미에서 소설을 잘 반영하고 있다.

영화를 관통하는 여인들은 네 세대에 걸친 여인들이다. 니베아(Nivea: '하얀 눈'의 뜻)와 끌라라(Clara: '밝음'의 뜻), 블랑까(Blanca: '하

양'의 뜻) 그리고 알바(Alba: '서광', '하양'의 뜻)의 이름은 모두 하얗거나 밝은 이미지라는 유사성을 지닌다. 그녀들은 모두 사회 환경의 다양하고 이질적인 요소들과 만나 화학반응을 경험하기도 하지만, 내면적 동일성을 잃지 않는다.

칠레의 정치 역정에 연루된 여인들의 이러한 태도는 결국 모든 것에도 불구하고, 스스로를 지켜낼 수 있는 원동력으로서의 여성의 에너지로 이야기된다. 특히 끌라라의 이미지는 네 여인들의 격정적인 삶의 굴곡을 모두 지켜보아야 하는 에스떼반의 이미지와 구조적으로 대비된다. 끌라라와 에스떼반의 사랑은 사랑의 이중주로서 존재적인 사랑과 소유적인 사랑을 반영한다.

야심 가득한 사나이 에스떼반 뜨루에바는 명망 있는 가문의 딸 로사를 사랑하지만, 보잘 것 없는 자신의 처지를 한 단계 업그레이드하기 위해 금광 개발에 나선다. 2년 동안의 노력 끝에 금광 개발에 성공한 에

아옌데 정권을 무너뜨린 뒤 철권정치를 펼쳤던 칠레의 독재자 피노체트의 죽음에 대한 국내외의 반응은 아옌데 정권에 대한 역사적 재평가와 깊이 관련되었지만, 극과 극으로 편중되었다. 역사가 다양한 스펙트럼을 통해 반복적으로 재해석되어야 하는 이유일 것이다.

5. <영혼의 집>, 역사적 소용돌이 가운데에서 펼쳐지는 존재적 사랑과 소유적 사랑의 이야기

스떼반은 부자가 되어 로사에게 청혼을 한다. 결혼을 준비하고 있던 중 로사의 동생 끌라라는 가족 중에 누군가가 죽게 될 것을 예언한다. 예비 신부 로사가 죽음을 맞이한다. 자유당 후보 지명 대회 피로연에서 아버지 대신 마신 브랜디에 독극물이 들어있었던 것이다. 끌라라는 자신의 예언 때문이라 자책하며 괴로워하다, 언니의 부검 장면을 보게 된 순간의 충격으로 다시는 누구와도 얘기를 하지 않겠다고 결심하며 입을 닫는다.

에스떼반은 슬픔과 회한으로 가득한 채 사업에 매진하고, 대농장 뜨레스 마리아스(Tres Marías)의 농장주(Patrón)가 된다. 그에게는 여유로운 삶이 없다. 일하고, 관리하고, 그저 앞을 향해 달리는 기관차와 같다. 더 많은 것을 끊임없이 갈구하는 동안 그의 외로움과 욕망은 더욱 허망할 뿐이다. 라캉이 '욕망이란 결코 채워지지 않는다'라고 했던 바로 그러한 전형적 인물이다.

에스떼반은 어느 날 자신의 농장에 살고 있던 여인을 겁탈한다. 돈으로 살 수 있는 여인 뜨란시또(Tránsito: '찰라' 혹은 '순간'의 뜻)를 만나 애인이며 지인으로 지내게 되는 것도 그의 공허함에서 비롯된다.

흥미로운 것은 오랫동안 입을 닫고 살았던 끌라라가 오랜만에 자신의 집을 방문한 에스떼반이 자신과 결혼하게 될 것이라는 사실을 예언하면서 입을 열게 되는 장면이다. 끌라라는 미래를 보고, 죽은 이들과 대화를 하는 등 신비한 기운을 지닌 영적인 존재이다. 그녀가 말을 한다는 것은 진정한 소통을 의미한다. 용서하지 못하거나 경고를 해야 하는 경우 그녀는 입을 닫는다. 소통을 차단하는 것이다. 대화란 말이 아니라 가슴의 이야기임을 의미한다.

에스떼반은 로사의 동생 끌라라를 사랑하게 된다. 하지만, 오로지 부자가 되겠다는 일념으로 살아왔던 그는 가슴을 열고 대화하는 방법을 모르는 사람이다. 딸, 비앙까를 사랑하지만, 뜨레스 마리아스의 관리인

5. <영혼의 집>, 역사적 소용돌이 가운데에서 펼쳐지는 존재적 사랑과 소유적 사랑의 이야기

아들인 뻬드로(Pedro)와의 사랑을 인정하지 않는다. 딸의 애인이 자신의 집안과 격에 맞지 않을 뿐 아니라, 부를 축적하는 자신의 방식을 비난하는 진보주의 개혁가이기 때문이다. 손녀 알바를 사랑하지만, 알바의 생각을 인정할 수 없는 할아버지이다. 그저 앞만 보고 열심히 달려왔을 뿐인데, 그는 모두와의 소통이 어렵다.

에스떼반의 삶의 방식은 끌라라와 대조적이다. 그들이 사랑을 이해하는 방식 또한 매우 다르다. 비앙까의 사랑에 분노를 하는 에스떼반에게 끌라라는 '둘은 사랑하는 거'라고 강변한다. 사람이 살아가는 의미에 대한 끌라라의 이해는 분명 존재적이다. 에스떼반의 사랑이 힘겹고 어려운 여정을 거쳐야 하는 것은 분명 그의 사랑하는 방식이 소유하고 집착하는 태도에 있기 때문이다.

아름다운 꽃도 내 손아귀에서는 시들 수밖에 없음을 에스떼반으로

블랑까와 뻬드로의 사랑은 시대 상황에 의해 갈라지도록 강요된다.

대표되는 많은 이들은 알지 못한다. 나의 간절한 사랑에 귀 기울이지 않는 사람들을 원망할 뿐이다. 내 손아귀에서 시드는 꽃을 원망한다고 꽃이 싱그러워질리 만무하다. 끌라라의 사랑은 존재적이다. 아름다운 꽃을 손아귀가 아닌 가슴에 담는 그녀이다. 영적이고 신비로우며 기이한 그녀의 행동은 실상 종교적이기까지 하다. 끌라라는 에스떼반이 자신의 방식 때문에 자신 스스로가 얼마나 힘들고 아플지 알고 있다. 해서, 때론 징벌로서 말을 건네지도 않지만, 가슴으로는 그를 품는다.

끌라라는 자신이 죽을 순간을 예감한다. "죽음은 두려워 할 대상이 아니란다. 죽음은 그저 하나의 변화야. 탄생처럼 나는 언제나 죽은 이들과 대화하고 있었지. 너와도 연락하게 될 거야." 손녀 알바에게 건네는 끌라라의 말은 우리네 범인(凡人)들에게는 생소하다. 자신이 알고, 듣고, 생각했던 많은 것들이 담겨 있는 사진과 일기, 기록들을 블랑까에게 건네줄 것을 당부하는 끌라라는 손녀 알바에게 할아버지에 대한 당부를 한다. "데리러 오겠다고 말하렴." 에스떼반은 끌라라의 죽음을 겪으면서 삶의 이치를 조금씩 깨닫게 된다. 쿠데타를 계기로 숨 가쁘게 돌아가는 정국의 변화 속에서 딸 블랑까에 대한 사랑의 마음이 현실에 대한 자각으로 이어진다. 성취하고 획득하는 과정에서 삶의 의미를 보려했던 에스떼반은 이제 자신이 사랑하는 사람들의 행복을 위해 노력하고 그 행복을 기원하고 지켜보는 과정에서 삶의 의미가 있음을 알아가게 된 것이다.

블랑까 역시 감옥에서 죽음의 고비를 넘기며 삶에 대한 관조를 경험하게 된다. 어렵게 집에 돌아오게 된 그녀는 "나는 아빠도 증오했었어요. 그거 아시죠? 제가 감옥에 있을 때, 저는 오직 복수만 생각했어요. 오직 복수만이요. 그러나 삶은 그저 삶일 뿐이라는 사실을 알게 되었어요. 엄마가 그렇게 말씀하곤 하셨던 것처럼." 어려운 얘기이다. 사랑하는 사람에게 상처를 주고, 삶을 고단하게 하며, 삶의 터전을 송두리째 앗아간 사람들을 증오하지 않고, 그저 삶은 삶일 뿐이라 생각할 수 있다는 것이 불가능하게도 보인다. 나를 아프게 한 사람을 증오하지 않는다는 것이 과연 어떠한 의미일까. 용서한다는 의미인 걸까. 아니면, 내가 아픔에 집중하고 집착하게 됨으로써 아직은 긍정적으로 내 삶을 일구어 나갈 수 있는 가능성조차도 부정적으로 피폐하게 만들지 않는 것이 지혜로운 삶의 태도라고 말하려는 것일까. 중요한 것은 나의 나머지 삶의 행복함을 어떻게 가꿔나갈 수 있을까, 라는 보다 큰 틀에서의 생각의 필요성일 것이다.

라틴아메리카의 민주화 과정에서 수많은 사람들이 억울한 죽음을 당하였다. 순국열사로 기념되는 것이 아니라, 익명의 사망자이거나 의문의 실종자로서 정당한 역사적 평가에서 멀어진 채 점점 잊혀져가는 많은 이들은 아르헨티나, 칠레, 엘살바도르, 온두라스, 과테말라 등 많은 지역에서 벌어진 추악한 전쟁의 산물이다. 하지만, 시간이 흘러감에 따라 서로 어울릴 것 같지 않았던 '진실규명'과 '화해'가 하나의 동일한 목표를 향해 만나기도 하는 보다 열린사회로 전환기를 맞이하고 있다. 진실과 정의가 라틴아메리카 전역에서 불현듯 성취되리라고 기대하는 사람들은 거의 없을 것이다. 전 지구적으로도 예측할 수 없는 소망이기 때문이다. 하지만, 트라우마의 직면을 통해 어루만져야 할 부분은 과감하게 만져야 할 것이고, 어쩔 수 없이 잊는 것들은 그대로 놔두어야 하는 것은 아닌지.

에스떼반은 죽음을 앞 둔 노인이 되어 딸 블랑까와 손녀 알바를 동행한 채 뜨레스 마리아스를 방문한다. "끌라라가 보고 싶어" 그의 말은 가슴에

서 나온다. 몸과 마음이 쇠약해진 에스떼반은 이층침대에 잠시 누워 과거를 회상한다. 숨가쁘게 달려왔던 세월들, 고난과 역경, 그리고 끌라라. 아, 끌라라가 찾아온다. 그는 삶의 고단함과 노곤함을 뒤로한 채 그녀의 곁으로 간다. "나의 천사". 에스떼반이 마지막 남긴 말이다.

에스떼반의 소유로서의 사랑과 끌라라의 존재로서의 사랑이 마침내 하나가 되어 사랑의 이중주를 이룬다. 삶은 그 자체로 충분히 아름다울 수 있는 가치를 지니는 것이 아닐까.

6.
<비밀의 눈동자>, 잊힌
과거의 재구성과 현재적 의미

2010년 할리우드 아카데미 최우수 외국어영화상을 수상한 후안 호세 깜빠넬라의 <엘 시크레토: 비밀의 눈동자(El secreto de sus ojos)>는 화려한 장식과 효과에 익숙한 우리들에게 제대로 갖춰진 영화 작품의 구성 요소란 무엇인가, 하는 생각의 시간에 빠져들 수 있는 기회를 제공한 수작이다. 영화는 에두아르도 사체리(Eduardo Sacheri)의 소설 『눈동자의 질문: La pregunta de los ojos』를 원작으로 한다.

시선은 대상을 관찰하는 통로이며, 욕망과 비밀을 담고 있다. 대상을

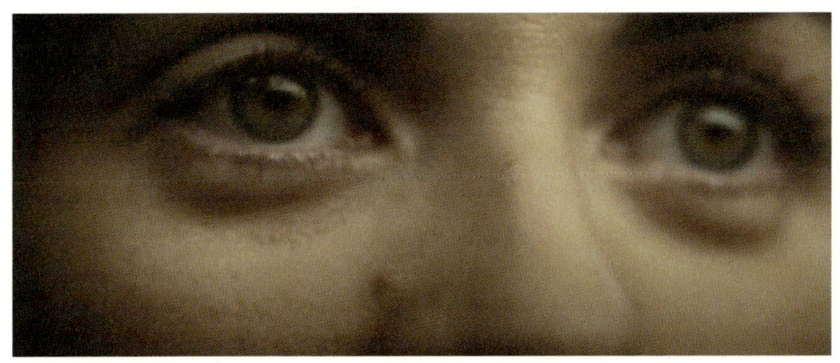

에워싼 환경을 묘사하는 것은 기록이며, 현실을 반영한다. 하지만, 반영된 현실이 곧 진실인 것은 아니다. 시선은 모든 것을 대상으로 하지만, 다 드러내어 표현할 수는 없다. 부족한 그 무엇은 시선에 담긴 비밀이 되기도 하고, 기억은 본의 아니게 왜곡으로 남기도 한다. 그러나 분명 시선은 진실을 담고 있으며, 그 시선을 응시하는 또 다른 시선은 그 모든 것을 어우르기도 한다.

영화는 벤하민이 은퇴한 후 검사보로서 자신이 겪었던 지난 삶의 흔적들을 회상하면서 잊을 수 없는 사건에 대한 기록을 소설로 묘사하려는 동기로 출발한다.

먼저 떠오르는 이미지는 검사보였던 벤하민이 자신의 상관이었던 매력적인 젊은 여검사와 기차역에서 이별하던 장면이다.

묘사된 기억이 현실이었는지, 가장 잘 포장된 그래서 왜곡된 기억인지 불명확하다. 영화가 진행되면서 벤하민의 묘사는 종종 세부묘사에 변화가 있다. 눈빛으로 충분한 대화를 나누었던 것인지, 벤하민과 이레네 사이의 시선의 교차에 대한 해석은 종종 달라지기도 한다.

과거의 기억은 분명 반영하려는 실체에 대한 증언이지만, 이는 진실을 왜곡하기도 한다. 중요한 것은 마음이라고! 하지만, 그 마음도 시간의 흐름에 따라 변화하는 것은 아닌지. 혼란스럽다. 만약 삶을 끌어가는 원동력이 무기력하고 무의미한 것이라면, 기억도 기억의 왜곡도 아

무래도 좋을 것이다. 그래도, 잊을 수 없는, 결코 잊히지 않는 대상이 있다면, 그것은 현재의 삶을 구성하는 어떠한 특별한 의미와 동력이 될 수 있기 때문은 아닐까. 영화의 결말을 통해 맺어볼 화두이다.

사건은 눈부시게 아름다운 신혼의 삶을 살아가던 한 여인을 강간 살인한 사건이 벤하민의 부서에 배당되면서 구체화된다.

벤하민이 이레네를 처음 만난 것은 1974년. 25년 전의 일이다. 새로운 상관으로 등장한 그녀와의 만남은 벤하민의 가슴에 동요를 일으켰다.

얼마 후 강간살인 사건을 억지로 떠맡게 되어 불평을 늘어놓던 벤하민은 사건 현장에서 한쪽 눈을 뜬 채 죽어 있는 여인의 시신을 목격하면서 평소와는 다른 애절함을 느끼게 된다. 그러나 무엇보다도 죽은 아내를 생각하며 정지된 시간 속에 머무는 남편 리까르도의 시선은 벤하민을 적극적으로 사건에 개입되게 만든다.

결국 사진 속에서 죽은 여인을 향한 남자의 시선을 찾아내고, 그가 어린 시절부터 줄곧 그녀를 짝사랑해왔던 고메스라는 사실을 알아낸다. 사진 속에서 여인을 향한 남자의 눈동자는 많은 얘기를 하고 있었다. 그녀를 향한 끊임없는 욕망과 집착의 시선. 주변 공사장의 하층 노동자들이 우발적으로 벌인 범행으로 종결될 뻔했던 사건은 벤하민의 적극적인 개입으로 수면 위로 떠오른다. 하지만 고메스는 주거지를 옮긴 뒤였고, 무리하게 주거침입을 감행하여 편지까지 훔쳐 나오게 된다. 결국

상관으로부터 문책을 당하게 되지만, 사랑하는 아내를 죽인 범인을 잡기 위해 매일처럼 부에노스 아이레스의 기차역을 돌면서 범인과 마주치기만 기다리는 리까르도의 시선을 잊을 수가 없다.

고메스가 어머니에게 보낸 편지 문구에서 그가 지독한 축구광으로서 위험에도 불구하고 삶의 활력을 위해 축구장을 찾을 것이라는 사실을 추정해낸 산도발 덕분에 벤하민과 산도발은 강간 살인범 고메스를 잡기에 이른다.

산도발이 삶을 보는 시선이 매우 흥미롭다. 열정이 무의미한 삶에 활력을 불어넣기에 모든 사람들은 각자의 열정을 살아간다는 것이다. 동기가 부여된다면, 삶은 살아갈만하다. 하지만, 동기가 없다면, 삶은 그야말로 감옥이다. 사랑하는 사람이 삶의 동기였다면, 그 사람이 없어진

실종자 가족단체 가운데 하나인 오월 어머니회는 역사적 사건이 망각되는 과거가 되지 않도록 지금도 매주 모임을 개최한다.

이후 그 사람의 삶은 과연 어떠할 것인가.

물증이 없이 심증만으로 수사를 진행해야 하는 불리한 조건에서 이레네의 블라우스 사이로 언뜻 보이는 가슴을 쳐다보는 고메스의 시선은 수사에 반대하던 이레네의 심증을 돋우게 되고, 결국 심리전에서 고메스는 자신의 죄를 고백하게 되고, 정의는 승리를 거둔다.

영화는 강간 살인 사건에 대한 회상을 통해 트라우마로서 역사적 과거를 되짚는다. 1976년은 페론(Perón) 대통령을 쿠데타로 몰아낸 군부 세력이 '국가 재건 과정'이라는 미명으로 군사통치위원회에 의한 철권통치를 개시한 시점이었다. 전국민을 대상으로 감시와 통제가 감행되었고, 이 과정에서 감옥에서 스파이 역할을 든든하게 해 낸 고메스는 특별사면으로 군사통치위원회의 충실한 앞잡이가 되어 이레네와 벤하

역사의 진실 규명은 정의와 징벌에도 있지만, 무엇보다 망각하지 않는 사실에 있다.

6. <비밀의 눈동자>, 잊힌 과거의 재구성과 현재적 의미

민을 위협하기에 이른다. '정의'의 이름이 소위 '더러운 전쟁'에 의해 무너지는 순간이다. 과거사진상위원회의 결과보고서 [눈까 마스 **Nunca más: Never again**]가 제기한 당시 실종자 수가 3만 명에 달한다고 한다. 영화의 도입 부분에 벤하민의 대사에서 '결코 다시는'이라는 의미의 '눈까 마스'가 두 번이나 반복되고 있다는 사실이나, 잊을 수 없는 기억과 사실에 대한 언급은 영화의 시대적 배경이 소재로서 의미를 지니고 있음을 암시한다.

고메스의 석방은 민주화를 외치는 반정부주의자들을 대상으로 만들어진 '더러운 전쟁'에 필요한 홍위병으로서의 사회적 활용을 의미했으며, 그의 존재는 많은 사람들의 삶의 방식을 송두리째 파괴하고 변형시켰다.

영화는 역사적 진실의 규명과 망가진 개인 삶의 보상이 어떻게 전개될 수 있는지를 검사보와 검사의 로맨스와 교묘하게 뒤섞어 전개하는 구성의 묘미를 발휘한다.

리까르도는 고메스의 석방 사실을 접하면서, 전혀 새로운 방식의 삶을 선택하게 된다. 사회의 정의를 부르짖고, 정의가 실현되기를 기대했던 그의 눈빛은 이제 새로운 각오로 변화를 맞이한 것이다. 과연 사람은 자신의 삶을 지탱하는 원동력에 의해 어떻게 변화될 수 있는가.

이레네와 벤하민의 관계 또한 중대한 변화를 맞이할 수밖에 없다. '더러운 전쟁'은 수많은 아르헨티나 사람들의 일상적 삶을 본질적으로 바꾸어 놓았으며, 두 사람의 관계가 본질적으로 변화될 수밖에 없는 시점을 맞이하게 된다. 벤하민을 죽이려던 일당은 술에 취해 그의 집에 있던 산도발과 마주했고, 사태를 직감한 그는 벤하민의 사진틀을 엎어둔 채 자신이 그의 행세를 하여 죽음을 맞이한다.

영화는 다시 출발점으로 연결된다. 벤하민이 소설로서 묘사하려고 했던 실체로서의 사실이 과거의 기억으로부터 시작되어 왜곡되거나 각색된 형태로서 '일종의' 기억이 된 것인지 확실하지 않다. 관객은 두 사람이 상대에게서 느끼는 호감을 벤하민의 기억을 통해 확인하고 있을 뿐이다. 이레네와 벤하민 두 사람은 고메스의 협박을 벗어나기 위해 이별을 선택한다. 기차역에서의 장면은 세부적으로 조금은 다른 기억이 되기도 한다. 그러나 중요한 것은 두 사람이 삶의 한 순간에 선택할 수도 있었을 '가지 않은 길'의 바로 그 결정적인 이별의 순간과 마주해야만 했던 것이다. 고백의 기회는 벤하민의 주저하는 눈빛 너머로 숨어버린다.

살인 사건이 발생한 지 25년이 지난 시점에서 벤하민은 과거 속의 여인 이레네 앞에 나섰고, 그녀와 함께 기억을 더듬어 사건을 재구성한다. 그러나 그가 만들어 가는 것이 사건의 전모에 머무는 것이었을까.

25년이 지난 사건에 주목하는 벤하민의 관심이 소설을 쓰려는 것인지, 잊을 수 없는 사건의 전모를 밝히려는 것인지 관객의 입장은 모호하다. 추악한 과거의 역사를 기억하거나 소설을 쓰는 것이 역사적 실체

를 완벽하게 재구성할 수 없는 일이라 하더라도 의미가 있는 것일까.

벤하민은 리까르도의 현주소를 추적하여, 그를 만난다. 그의 서가에는 여전히 아내의 사진이 놓여 있다. 그의 가슴에 여전하게 자리하고 있는 그녀이다. 그러나 그의 입에서는 25년 전의 일이니, 이젠 잊어야 한다는 말이 나온다. 벤하민은 이해할 수가 없다. 산도발의 말처럼 누구나 삶의 원동력으로서 집중하는 것들이 있기 마련인데, 리까르도가 지난 25년의 삶이 그토록 무의미하게 살아질 수 있었단 말인가.

무거운 발걸음을 옮기던 벤하민이 리까르도의 집을 찾아 뒤를 쫓자, 개인 감옥에 수감되어 있는 고메스의 모습이 보인다. 리까르도가 삶을 부여잡을 수 있었던 이유가 바로 그곳에 있었던 것이다. 충격으로 놀란 벤하민에게 고메스가 부탁을 한다. 제발 자신에게 말을 걸어달라고 전해달라고. 언어 소통이 없는 관계가 감옥보다 더 힘든 일이다. 리까르도는 아내가 죽은 순간에 영원히 머물며 자신이 할 수 있는 가장 큰 복수를 하고 있는 것이다.

마음으로 안 되는 일이 있는 법이다. 소통은 언어의 부재를 통해서는 장애를 만나는 법이다. 삶에 의미를 부여하는 정체와 직면하는 일, 그리고 언어적 소통을 감당하는 일, 그것은 벤하민이 강간 살인 사건을 잊지 못하는 이면에 존재하고 있던 이레네에 대한 사랑의 고백, 바로 그것이었다. 벤하민은 미안함에 차마 찾을 수 없던 친구의 무덤을 찾아

꽃을 건넨다.

늘 마음에 안고 사는 부담감의 정체를 확인하려고 한밤중 비몽사몽 간에 적어두었던 '두렵다'는 의미의 'Temo' 사이에 'A'를 적어본다. '그대를 사랑해'라는 뜻의 'Te Amo'가 나타나는 순간이다. 언제나 'A'자를 찍어내지 못했던 낡은 타자기처럼 자신도 가슴에 담아둔 이야기를 찍어내지 못했던 것이다. 그렇다. 이레네, 바로 그녀가 자신이 채워 넣어야 했던 삶의 동력이며, 소통을 가능하게 하는 키워드였던 것이다.

그와 그녀는 시간의 흐름을 잊은 채 다시 만난다. 젊은 시절 차마 내뱉어 직면하지 못했던 사랑을 중년의 시기에 시작하려는 것이다. 이레네의 말처럼 복잡할 것이지만, 벤하민은 그것을 감내할 준비가 되었다. 중년에 시작하는 젊은 날의 사랑의 이야기.

벤하민은 자신의 열정이 무엇이었는지, 자신의 삶의 동력이 무엇인지, 삶의 의미를 설정하는 모티브가 무엇인지, 25년이 흐른 뒤에야 깨닫고 마주하게 되었다. 내면의 사랑과 열정을 드러내어 현실과 마주하기에 망설이고 주저하지 않는 삶을 살아간다는 것이 진정 삶의 의미를 찾아가는 과정인 것을 아는 나이가 된 것일까.

　　카메라가 의도적으로 잡아내고 있는 흥미로운 장면은 이레네의 책상에 놓여 있는 장미꽃 송이의 숫자이다. 벤하민이 이레네를 만나러 갈 때마다 놓여 있던 장미는 늘 한 송이였다. 하지만, 이제 이레네 앞의 장미는 늘 그래왔던 것처럼 더 이상 한 송이가 아니라 두 송이가 되어 있다.

　　영화에서 놓칠 수 없었던 또 하나의 장면, 그것은 젊은 시절 이레네와 함께 찍은 사진 속의 벤하민의 시선에 담겨 있었던 비밀이다. 검사보 시절 자신이 모시던 이레네를 향한 벤하민의 사랑의 시선이다. 우연히 지나치던 사진 속에 벤하민은 젊은 시절 불분명하게 감정을 드러냈던 것과는 달리 자신의 호감을 분명하게 드러내고 있었던 것이다.

　　눈동자에는 많은 이야기들이 담겨 있다. 비밀과 욕망, 그리고 순수한 사랑의 시선까지도. 스치듯 지나치는 시선과 응시, 눈동자는 우리네 삶을 때론 호수처럼, 때론 일기처럼 사물과 실체를 담아낸다.

7.

<저개발의 기억>은 누구의 기억인가. 트라우마의 기억과 직면의 성찰적 접근

‘맞은 놈은 다리를 뻗고 잔다’고 한다. 과연 그러한가. 아니, 그래도 되는가. 영화 <저개발의 기억>은 역사적 트라우마에 대한 기억의 성찰을 다루고 있다. 1962년 10월 22일은 쿠바의 역사에서 위기의 순간으로 기억된다. 미국과 소련의 첨예한 군사 대립의 시기에 오랫동안 약소국으로서 서구 열강의 지배와 종속에 놓여 있던 쿠바가 자주적 주체국으로서 스스로의 면모를 당당하게 드러내지 못한 채 일방적인 위기의 순간에 놓였던 잊을 수 없는 역사적 트라우마의 순간이었기 때문이다. 열강의 틈바구니에서 생존에 매달려야 했던 19세기 말 대한민국의 역사적 위상과 비교될 수 있는 대목이다.

쿠바 신영화를 상징하고 대표하는 또마스 구띠에레스 알레아(Tomás Gutiérrez Alea)의 초기 대표작으로 유명한 <저개발의 기억>은 에드문도 데스노에스(Edmundo Desnoes)의 동명 소설 『저개발의 기억』을 영화화한 것이다. 원작인 소설보다 영화가 더 유명해졌으니, 사람들은 영화를 먼저 기억한다. 현대 문화가 소설보다는 영화에 주력하고 있음을 드러낸다.

영화의 제작에는 기획사와 기업이 참여하지만, 소설의 제작은 소설

가 개인의 작업이 절대적이라는 사실이 이 두 장르의 현대 산업 문화에서의 경쟁력을 확인하고 있는 것은 아닐까.

에드문도 데스노에스는 바티스타 정권 당시 뉴욕에서 잡지 <비젼>에서 편집 관련 업무를 담당했으며, 1959년 쿠바 혁명 이후 귀국하여 문화 현장에서 혁명의 선도적 역할을 수행했다. 피델 카스트로가 혁명의 정치적 기수였고, 상징적 존재였던 것은 분명 사실이지만, 1960년대 쿠바 혁명 사회에서는 다양한 문화예술 영역의 전문가 집단이 쿠바 혁명에 적극적으로 참여하였으며, 일관된 혁명 사상에 대한 교육이나 논의는 거의 없었다. 80~90년대 카스트로의 위상과는 분명 구분되었던 시대였다.

보다 나은 사회를 위해 저마다 생각하는 변화를 꿈꾸었고 그를 얘기했지만, 중앙 정부의 통제는 늘 방관적이었거나 미흡했다. 영화와 소설

등의 작품 속에서 쿠바 혁명에 대한 총론적 시각에서의 지지가 각론적 시각에서는 냉엄한 비판으로 이어지는 경우가 빈번했던 것도 60년대의 일이다.

세월이 흘러 쿠바 혁명에 대한 평가도 합리화 과정을 겪을 수밖에 없었으며, 피델 카스트로에 대한 우상화작업을 통해 주변적 가치로서 혁명의 다양한 양태들은 많은 부분 역사의 그늘 뒤에 묻혀 있는 셈이다. 1960년대 쿠바 영화의 사회문화적 역할에 대한 평가는 늘 역사적 의미에 대한 재해석의 정당성에 대한 논의와 함께 이뤄져야 하는 피곤함이 따른다.

가해자와 피해자에 대한 논의 자체가 전면에서 숨어져버리는 약육강식의 시대, 특히 이데올로기의 첨예한 대립 속에서 약소국가 쿠바가 겪은 위기는 트라우마가 되어 남겨진다. 데스노에스는 1962년 10월 22일 전쟁 직전의 상황으로 내몰렸던 쿠바 미사일 위기의 상황을 소재로 1965년 『저개발의 기억』을 출판했고, 1968년 또마스 구띠에레스 알레아와 <저개발의 기억>의 공동 시나리오를 집필했다. 소설 <저개발의 기억>은 쿠바인들에게 내재하는 트라우마의 기억이 역사적 사건을 계기로 상기될 수 있음에 주목한다.

에드문도 데스노에스는 과거 사건을 기억하고 그 사건을 재현할 수

60년 로마 올림픽 기념 쿠바 우표. 당시 쿠바는 대외 정책의 이념적 방향성이 불확실했다.

있는 가능성이 쿠바인들에게 주는 혼란과 두려움을 통해 역사적 사건
이 트라우마로서 쿠바 사회에 잠식되어 있음을 이야기한다. 구띠에레
스 알레아가 소설에 주목했던 것 또한 바로 이러한 역사적 트라우마에
대한 기억의 문제에 대한 성찰이었다. 과거의 상처는 망각되는 경향을
지닌다. 가해자의 입장에서는 사건을 묻고 싶기 때문이며, 피해자의 입
장에서는 상처의 아픔을 기억하면서 겪는 두려움에 대한 공포 때문이
다. '맞은 놈은 다리를 뻗고 잔다'는 우리네 얘기는 다분히 자조적이다.
두려움과 공포, 그리고 물리적인 고통과 사무치는 분노에 다리를 편하
게 뻗고 잘 수 있다는 말은 그야말로 자기 위안에 다름이 아니다. 쿠바
역시 아픈 상처에 대한 기억을 회피하고 싶었을 것이다. 하지만, 기억
에 대한 회피와 같은 망각은 결코 문제의 원인을 해결하는 것은 아니라
는 생각이 소설과 영화의 주제이다.

소설과 영화의 표지

영화를 감독한 또마스 구띠에레스 알레아는 훌리오 가르시아 에스뻬노사(Julio García Espinosa)와 함께 쿠바 영화 예술산업 기구(Instituto cubano del arte e industria cinematográficos)를 설립하였다. 그는 영화 운동을 통해 새로운 쿠바를 건설하겠다는 이른바 쿠바 문화 혁명의 주도 세력이었으며, 세계적으로 가장 널리 알려진 '잘 나가는' 감독이다.

데스노에스와의 협력은 소설과 영화의 조화로운 융합의 모델이 된다. 소설의 영화화에 대해 데스노에스는 "내 시끄러운 스미스코로나 타자기의 자판을 두들기는 동안 나는 빛나는 스크린에 담길 인물과 사물들을 시각화해본 적이 없다. 내 단어들을 심오하게 시각화하는 기적을 이뤄냈던 것은 띠똔에게 그 빚을 지고 있다"며 소설과 영화의 만남이 처음부터 의도되었던 것은 아니었음에도 불구하고, 눈부신 찬사를 받을 만큼 성공적인 결합을 이뤘음을 증언한다.

오늘날은 소설과 영화의 장르가 빈번하게 밀착된 장르로서 존재하는 시대이지만, 데스노에스는 스스로 고백하듯, "영화가 한 소설의 영속성을 보장해주리라는 생각"을 해본 적이 없었던 것이다. 영화 <저개발의 기억>은 데스노에스 자신도 소설과 영화의 결합을 "영화사를 통틀어도 우리 둘 사이에 존재했던 것과 같은 밀착되고 풍요로운 공동 작업은 존재하지 않는다고 생각한다"는 회상(Desnoes, 2009: 182)에서 보듯 놀라운 성공이었다.

영화 <저개발의 기억>은 쿠바 신영화(Nuevo Cine Cubano)를 대표한다. 전통적인 유럽 영화의 막강한 영향과 제2차 세계대전 이후 급부상한 할리우드 시스템의 영화가 제공하는 '표준화' 영화의 영향은 실로 대단했다. 오늘날 영화의 상징적 터전이 된 할리우드는 코카콜라와 같은 기호식품이 그렇듯 이미 자국의 이익과 이념을 재생산하는 상업적

미국과 소련의 대결국면은 쿠바의 존재에 대한 직접적 위협이었다.

매력을 자연스레 발산하고 있었다.

약소국인 쿠바 스스로가 자신의 목소리를 낼 수 있는 영화 제작의 기획과 공급 및 상영을 위한 틀을 만든다는 시도 자체가 놀라운 정황에서 <저개발의 기억>은 쿠바 신영화는 물론, 나아가 라틴아메리카 신영화 운동의 기수이며 상징이 되었고, 제3세계 영화의 모델이 되었다. 영화는 소설 『저개발의 기억』을 영화화했다는 점에서는 ICAIC의 역할이 다른 영화들에 비해 상대적으로 제한적이라는 단점을 지닌다. 하지만, ICAIC에 의해 철저하게 기획되고 제작되지 않았다는 점이 영화의 명성과 가치에 문제가 되지는 않았다.

영화 <저개발의 기억>은 쿠바가 역사적 상처를 기억하는 계기를 영상 이미지의 우수성을 장착하여 서술한다. 미국과 소련 사이에 팽배하던 냉전의 위기에서 자칫 전쟁으로 비화될 뻔 했던 미사일 위기 사태가 역사적 상처에 대한 두려운 기억을 재현한다.

소설과 영화는 모두 쿠바가 안고 있는 내면의 아픔에 대해 주목하지만, <나는 쿠바>나 <루시아> 등과 같이 주인공들을 통해 쿠바가 안고 있는 트라우마를 격정적으로 증언하고 고백하는 것이 아니라, 아픔의 의미를 사색적으로 성찰하려는 의도를 지닌다. 선동하기 보다는 생각하는 것의 의미에 주목한 것이다.

따라서 주인공 독백 형식의 서술이지만, 일방적으로 독자와 관객을 끌고 가지는 않는다. 주인공 내면의 갈등 요소와 다양성이 이미 독자와 관객의 다양성을 수용하기 때문이다. 이것이 깔라또조쁘의 <나는 쿠바>에서 드러나는 선동적 주관주의와 데스노에스와 알레아의 <저개발의 기억>에 나타나는 관조적 성찰 태도를 비교할 수 있는 대목이다.

주인공 세르히오가 쿠바 사회를 응시하는 시각은 보는 관점에 따라서는 소극적이거나 모호하게 보이기도 한다. 이는 주인공의 시각이 쉽게 드러낼 수 있는 감성에 의존하거나, 겉으로 스스로를 연출하여 드러내는 위장과 같은 응시의 시각을 적극적으로 제한한 채 응시의 정도를 냉소적일만큼 절제하고 있으며, 자기 성찰적이고 사색적이기 때문이다. 소설과 영화가 모던하다는 호평을 받을 수 있었던 부분도 이러한 극단적 표현을 배재하는 절제와 모호함의 미학에서 찾을 수 있다.

주인공이 내면의 갈등과 상처에 대한 성찰을 지향하는 이유는 현재의 문제를 진단하고, 미래의 전망을 밝게 하려는 목적 때문이다. 문제는 내면의 상처가 돌발적으로 분출되는 트라우마의 원인적 사건이 실체로서 존재할 뿐 아니라, 그 존재가 체험 당사자에게 기인했던 악몽과 같은 두려움과 불안이 분명하게 있음에도 불구하고, 트라우마를 경험하는 당사자에게 그 실체에 대한 기억은 명증하게 존재하는 것이 아니라는 이율배반이다.

간단하게 정리하자면, 때린 사람은 사건 자체를 잊어버리고, 맞은 사람은 상처의 아픔과 고통을 다시 떠올리고 싶어 하지 않는다는 논리이다. 부연하자면, 때린 사람이 다시 주먹을 들었을 때 맞은 경험이 있던 사람이 어떠한 자세를 갖춰야 하는 가의 문제이다. 과거의 기억을 잊어버리고, 다시 맞을 것인가. 아니면, 피해를 최소한으로 할 준비를 할 것인가. 그리고 가능하다면, 나의 상처가 내 자신의 잘못 때문이 아님에도 불구하고, 나 자신을 자책하거나 현실을 직시하지 않으려 한다면, 나의 발전은 찾기 어렵다는 인식에 있다는 의미이다.

트라우마란 인종학살이나 전쟁, 쓰나미, 지진 등과 같은 극단적인 충격이 충분한 정서적 수용 과정을 거치지 않은 채 이탈(dissociation)하여, 무의식에 억압(repression)되어 반복적으로 악몽이나 환각, 플래시백 등을 체험하는 양상을 의미한다. 트라우마의 용어는 의학 및 정신분석에서는 '외상후스트레스장애(Post-Traumatic Stress Disorder)'라는 표현으

로 사용된다.

구체적 경험과 체험에 기반을 둔 사건임에도 불구하고 마치 허상에 대한 기억처럼 실체에 대한 접근이 까다롭기 때문에 트라우마는 '역사적' 경험과 '일상적' 기억을 벗어나곤 한다는 데에 트라우마를 분석하고 극복하기 위한 방안을 찾기 어려운 원인이 있다. 역사적 경험이 일상적 불안과 억압의 망령이 되는 이러한 트라우마에 대한 당사자들의 접근은 거의 일방향적이며, 기억을 떠올리며 사건과 직면하기보다는 망각에 의존하는 경향을 보인다.

트라우마와 직면하고, 그를 극복하려는 일련의 과정에서 가장 본질적인 어려움은 이렇듯 심리적 외상을 준 사건이나 사고를 기억의 해법이 아니라 망각의 해법으로 풀려고 한다는 속성이다. 한 집단과 공동체는 스스로가 지닌 트라우마를 극복하기 위해 원인의 사건이나 유사 기억을 재구성하여 극복할 수 있는 통제력을 발동하지 못하는 경우가 대

죽음의 위기에 대한 공포의 순간은 정서심리의 안정화 과정을 무너뜨림으로써, 외상후스트레스장애를 유발한다. 이는 개인적 체험이나 집단 혹은 국가민족적 체험으로도 가능하며, 일상적 아비투스에 영향을 미친다.

부분이다.

에드문도 데스노에스와 구띠에레스 알레아는 쿠바인들의 일상적 기억에 막연한 실체로서 존재하는 트라우마를 구체적인 미사일 위기 사태를 통해 상기시키며, 혁명 직후 쿠바 사회의 문제점과 관련짓는다. 역사적 사건과 그에 따른 트라우마의 문제를 극복하기 위해서는 역사적 실체에 대한 기억에 접근하려는 태도를 제시하는 것이다.

깔라또조쁘 감독의 <나는 쿠바>가 네 개의 에피소드를 통해 주인공들이 명확하게 자신들의 분노의 원인과 대면하며 관객들에게 공감을 요구하는 것과 비교하자면, <저개발의 기억>은 관객과 독자가 주인공의 성찰적 태도를 따라 '느리게 생각하는' 태도를 유도한다. 구띠에레스 알레아 감독과 비교하여 깔라또조쁘 감독의 서사를 작가주의적 주

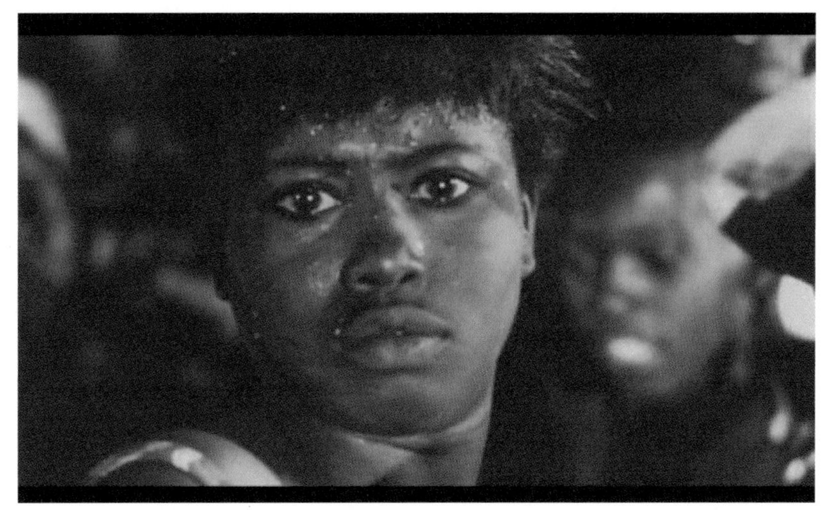

관주의에 의한 선동적 내러티브로 볼 수밖에 없는 것이다.

<저개발의 기억>의 주인공 세르히오는 트라우마의 현상적 외형에 집중하는 것이 아니라, 쿠바 사회가 지향할 방향성에 대해 고민하면서 삶을 회상하는 세밀한 태도를 보여준다.

세르히오는 끊임없이 주변을 관찰한다. 그의 관찰은 주변의 관찰을 통한 자기 내부에 대한 관찰이며 성찰로 이어진다. 그러나 그의 시선은 독자와 관객의 모범이 되는 것은 아니다. 그저 끊임없이 생각을 이어나 가며, 자신의 솔직한 내면과 마주하는 태도를 통해 공감을 이뤄낼 수 있는 것이다. 세르히오의 서술의 시점과 태도는 모범답안이 아니며, 있을 법한 인물의 있을 법한 사색의 궤적을 의미한다. 여기에 공감이 개입한다.

그의 고백은 진솔하다. 세상은 바뀌었고, 여전히 바뀌고 있지만, 그래서 "내가 변한 것일까, 나라가 변한 것일까"를 독백하며, 세상을 바라보

고는 있지만, 스스로는 오랜 습성과 태도를 쉽게 바꾸지 못한 채 여전한 자신의 시선으로 세상을 살피고 있다. 그에게서는 트라우마가 드러나지 않는 듯하다. 오히려 주변사람들이 겪는 트라우마를 관찰하고 있을 뿐인 것처럼 보인다. 하지만, 그에게도 트라우마는 존재한다. 자신의 주변을 에워싸고 있는 다양한 계층의 여러 인물들의 삶이 실상 자신의 삶의 많은 부분을 채워왔기 때문이다. <저개발의 기억>은 내러티브의 시점과 태도에서 트라우마에 대한 차별적인 접근을 구체화한다.

세르히오는 누구인가. 그는 자신의 주변 인물들을 관찰하고 그에 대한 묘사 속에 자신을 무의식적으로 그려간다. 그러한 그의 서술 시점과 태도가 쿠바인들의 내면에 외상으로 존재하는 트라우마를 지적하는 데 집중되어 있지는 않다. 그는 다음 단계에 몰입한다. 변화의 기로에 처한 쿠바가 할 수 있는 것이 무엇인가 자문하고 답을 구해나가는 인식의 과정이 그에게는 중요한 과제이기 때문이다. 비록 그 자신이 자기 정체

성에 번민하고 있지만, 그러한 그 자신이 바로 쿠바의 모습이며 저개발 상태의 쿠바를 깨어날 수 있도록 만들 수 있는 그 무엇이 과연 어떻게 탐색될 수 있는 것인지에 대한 성찰적 자기 인식 과정이다.

따라서 주변 인물들에 대한 관찰과 묘사, 기억들은 세르히오 자신에 대한 탐색이며 쿠바가 경험하는 트라우마의 서술이 된다. 결국, 세르히오가 생각하는 것은 쿠바인들이 자신의 정체성에 대한 주체적인 탐색의 필요성을 인지해야 하며, 그 과정은 일관된 것으로서 지속성이 담보되어야 하는 것이다. 세르히오의 주변 인물에 대한 비판적 글쓰기는 많은 경우 독설에 가깝지만, 일방적인 강한 내뱉음이 아니라 다분히 자조적인 요소를 포함한다. 독설은 자신의 세계에 대한 분명한 판단을 하는 근거를 마련한다. 세르히오의 독설은 주변사람들에게만 향하는 것이 아니며, 또한 자신 스스로에게 향하는 화살이 된다. 그의 언술은 논의가 일관된 독설로 유지되는 것이 아니라, 무기력한 자조적 푸념의 요소

를 지닌다는 느낌을 주기에 이른다. 여기에 주인공의 일관성 결여가 지목된다. 트라우마에 기인하는 회의와 두려움 때문이다. 자신의 판단과 선택에 대한 확신이 없어서 일수도 있지만, 자신이 비판하는 대상과 그 대상이 지닌 요소에 자신이 여전히 물들어 있는 것일 수 있음이 더욱 큰 이유 때문이다. 이러한 그의 태도는 이중적이다. 여인들과의 관계에서도 잘 드러나는 이러한 이중성은 비판의 일관되지 못한 성격과 맞닿아있다. 혁명의 취지를 어느 정도 신뢰하면서도, 그 효과와 실효에 대해 회의와 의혹을 품은 채 자신 스스로는 부르주아 교양인으로서 익숙했던 일상과 취향으로부터 분리될 수 없음에 회의하고, 고뇌하고, 여전히 갈등하는 소시민의 모습을 대변하고 있는 것이다.

무엇보다 세르히오 자신의 자기 독백의 내러티브 형식을 띤 본 작품은 주인공이 쿠바 사회와 자신의 주변사람들에 대한 분석과 성찰적 제안을 하고 있음에 보다 분명한 의미를 부여한다기보다는 자기 스스로

에 대한 트라우마의 직면과 본질적으로 가깝다고 할 수 있다. 작품의 서두에서 자신이 해오던 건 '위선적인 연극'일 뿐이었기 때문이었다며, "실상 나는 아내의 우아함에도 관심이 없었고, 부모님도 보기 싫었고, 시몬스 회사의 쿠바 대표가 되는 것에도 흥미가 없었다. 친구들은 한없이 지겹기만 했다."(소설, 10쪽)는 고백에서처럼 그는 자신 스스로의 감정에 대해 처음으로 충실하게 된 것이다. 자신이 갖고 있는 문제를 우회하여 삶을 살아왔지만, 그것은 자신의 삶이라기보다는 타인들의 삶이었으며, 이제 자신의 충실한 삶을 살아야 되겠다는 자기 성찰적 시각을 갖게 된 것이다. 그는 내면의 외상과 맞설 수 있는 용기를 낸 것이다. 그러나 아무것도 준비된 것은 없다. 그저 새로운 시작으로 과거의 낡은 것을 떼어냈을 뿐이다. 쿠바 혁명에 동참하는 지식인들의 입장이 그러했을 것이다. 문인과 예술인들의 상당수는 혁명 이전에도 특권층의 생활을 향유할 수 있었다.

　　인간의 실존에 대한 글쓰기의 내러티브 형식이 보인다. 내면의 아픔과 상처를 경력처럼 안은 채 아무 일도 없다는 듯이 살아갈 수는 없으며, 내면의 상처와 고름을 건드리지 않고는 현재의 긍정적 의미를 찾는 일이나 미래를 전망할 수 있는 확실성을 찾지 못하는 실존주의적 글쓰기의 특성이 드러난다. 그러나 염세적이거나 비관에 빠지는 것은 아니다. 과거의 상처에 직면하였기 때문이다. 트라우마의 존재를 인정하고, 그를 극복하기 위한 처방의 필요성을 인식하고 있기 때문이다.

　　이 과정에서 트라우마의 기억에 대한 세르히오의 서술은 과거를 문자적 이미지를 통해 재현하고, 재현된 과거를 글쓰기를 통해 소멸시킴으로써 현재까지 지속되는 과거의 망령에서 벗어나려는 것처럼 보인다. 트라우마와의 직면에 대한 그의 두려움은 기억에 대한 두려움이며, 두려움으로부터 벗어나려는 시도가 트라우마 서술의 글쓰기인 것이다. 언제 재현될지 모르는 트라우마에 대한 기억을 구성하고, 객관화함으로써 일정 수준 정리하는 완화적 직면의 방편인 것이다. 그러나 그는 자신이 결코 치유될 수 없는 기억과 직면하여 온전히 자유로울 수 있을 가능성에 대해 확신을 갖지 못한다. 세르히오는 "지금은 더 이상 글을 쓰고 싶지 않다. 사실 지금 나는 새로 갖게 된 자유와 고독 때문에 기분이 좋지 않고, 슬프다."(소설, 10쪽) 그랬다. 그들은 지겹던 과거를 떨쳐버릴 수 있다는 홀가분함을 통해 자유를 체감하면서도, 새로운 가능성에 대한 희망과 부푼 꿈에 대한 불확신 때문에 자기 검열과 고뇌라는 탐색의 고독한 과정을 겪어내야만 하기 때문이다. 그러나 그의 글쓰기는 이렇게 끝난 것이 아니다. 그렇게 시작된 것이다. 과거의 망령과 트라우마에 대한 기억과 성찰적으로 직면하려는 그의 시선은 상처에 대한 기억과 앞으로 겪게 될 상처의 개연성 앞에서 담담하게 노출된다.

자신의 주변을 통해 스스로의 내면을 성찰하고 쿠바의 과거와 미래를 오버랩시키는 세르히오의 가슴에는 확고한 신념으로 맞서려는 각오가 드러나는 것이 아니다. 억지스러운 동일시를 통해 독자와 관객을 세뇌하는 것이 아니라, 공감을 통해 아픔과 상처, 그리고 두려움의 의미를 나눔으로써 타자로서 객관화되어 규정된 작은 섬나라가 아닌 유기체로서 살아 움직이는 쿠바의 시민 세르히오를 대중적 성찰의 시선으로 바라보게 한다.

말레꼰 해안의 부서지는 파도를 뒤로한 채 모든 망상과 두려움, 기억을 벗어버리고 텅 빈 머리로 새롭게 내일을 기다린다. 작품은 주인공의 실존주의적 인식 태도를 통해 독자와 관객이 쿠바의 트라우마와 미래에 대해 공감할 수 있는 안내인의 역할을 하는 것이며, 그의 내러티브는 자신의 과거에 대한 회상과 기억에 독자와 관객이 참여할 수 있도록 서사의 구도를 열어둔다.

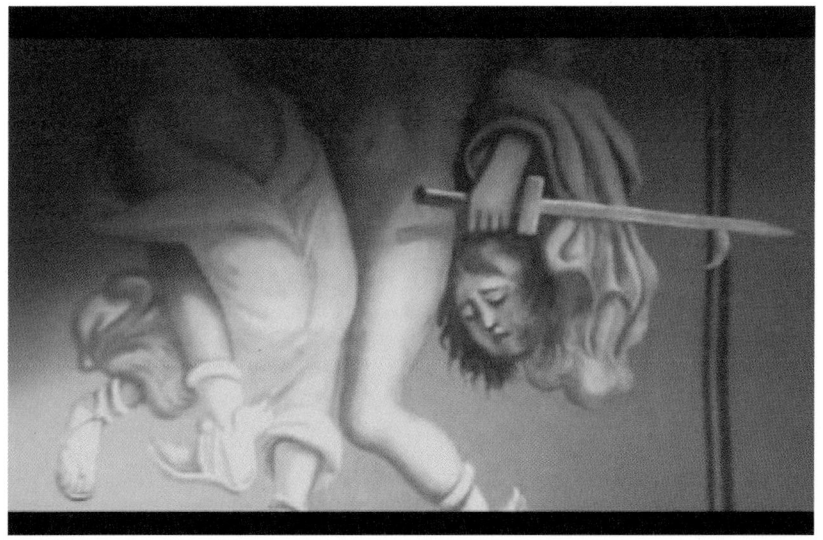

　1962년 미사일 위기 사태의 충격은 쿠바인들에게는 콜럼버스 이후 잠재되어 왔던 서구에 대한 피해의식의 폭발이며, 트라우마의 상기이기에 <저개발의 기억>의 주인공, 세르히오는 삶의 궤적을 회상하며, 쿠바 혁명 직후 사회와 개인의 일상을 재조명하는 과정에서 집단 무의식으로 자리한 억압과 두려움의 근원을, 서구적 시선에서의 '저개발의 속성'에 대한 관찰이라는 형식을 빌려, 성찰하는 자기 응시적 시선을 드러낸다.

　세르히오에게 저개발은 피식민의 고착된 고리에서 형성된 것이며, 그에 대한 기억은 단순히 저개발의 상태를 극복하거나 유지하는 등의 일련의 경제적 상황에 대한 기억이 아니라, 피식민이라는 트라우마에 대한 것으로서, 저개발은 곧 피식민의 트라우마가 고착화되어 드러내고 있는 일상적 현상에 있음을 뜻한다. 그러므로 재현 불가능한 트라우마를 극복하고 이겨낼 수 있는 성찰적 태도에 대한 그의 일기체 언술이 트라우마에 대한 서술이라는 특별한 의도 가운데 읽힐 수 있는 것이며, 저개발의 기억은 곧 약육강식의 냉엄한 자연법칙에 노출된 작은 섬나라 쿠바의 숙명적 위기의식의 역사에 대한 기억의 의미를 지닌다. <저개발의 기억>은 개발과 저개발의 논의가 아니라, 쿠바의 과거와 현재,

미래를 아우르는 고리를 수탈과 억압의 트라우마의 재현에 대한 두려움과 공포에 직면하게 되는 소시민의 성찰적이면서 동시에 진솔한 고백의 서사이다.

세르히오의 언술은 피식민의 트라우마에 대한 극복 의지에서 출발하지만, 트라우마를 회상하게 만든 미사일 위기 사태를 통해 결국 트라우마와 직접 대면하지 못한 채 방황할 수밖에 없는 상처 입은 소시민의 인식을 대변하는 내러티브이다.

> 미국에 대항해서 싸우는 것은 위대한 일이지만, 나는 그런 운명을 원하지 않는다. 나는 계속 저개발국의 국민으로 남아 있는 편이 더 낫다. 살기 위해서 매 순간 죽음과 맞서야 되는 그런 운명에는 관심도 없고, 끌리지도 않는다. 혁명주의자들은 20세기의 신비주의자들이다. 그들은 양보할 수 없는 사회 정의를 위해 죽을 용의가 있는 사람들이다. 나는 소시민이고, 현대인이고, 큰 사슬을 이루는 하나의 작은 고리이며, 하찮은 한 마리의 바퀴벌레다. [⋯] 내가 왜 이러는 거지? 내 성격, 내 기억들, 내 욕망들, 내 느낌들, 그게 아무리 쓰레기 같다고 해도 그것을 잃어버리게 될까봐 나는 두려운 것이다.(소설, 144~145쪽)

세르히오는 "나는 치유할 수 없는 기억을 갖기를 열망했다"(소설, 48쪽)라는 , <히로시마 내 사랑>의 한 구절을 강한 인상으로 마음에 담고 있다는 고백을 한다. 트라우마란 재현이 불가능하며, 실체에 대한 정확하고 명증한 기억을 재구성하기 거의 불가능하다는 사실에서 본다면, 치유할 수 없는 기억을 갖기 열망한다함은 트라우마의 본질적 실체에 접근함으로써, 구조적인 치료적 과정에 참여할 수 있기를 원한다는 의미로 해석이 가능하다. <저개발의 기억>의 종결부분에서 주인공, 세르히오의 언술은 <히로시마 내 사랑>의 구절과 반대로 수행된다.

우리 모두는 하나다. 다른 사람들과 똑같이 나도 죽을 것이다. 이 섬은 덫이고, 혁명은 비극적이다. 살아남고 승리하기에는 우리가 너무 작다는 의미에서 비극적이다. 우리는 너무 가난하고 그 수가 적다. 너무 값비싼 대가를 치르고 얻는 위엄이다. 생각하고 싶지 않다. […] 나 자신이 없어져버리면 좋겠다. 사라지고 싶다. 나는 미쳐가고 있다. 아무것도 알고 싶지 않다. 기억하고 싶지도 않다. 나는 치유할 수 없는 기억을 갖기를 원치 않는다.(소설, 137쪽)

역사적 배경의 트라우마가 집단 위기상황에서 재현될 두려움에 노출되자 트라우마가 생생하게 재현될 것만 같은 긴장의 고조 상태가 결국 주인공에게 트라우마의 본질적 실체에 대한 성찰적 접근을 추진하도록 유발했던 인식적 태도에 대한 강한 갈등 구도로 작용한 것이다. 치유할 수 없는 기억을 갖기를 역설적으로 열망하는, 트라우마를 경험한 이들의 아픔을 자신의 그것과 동일시하면서 자신의 트라우마를 극복할 수 있는 직관과 통찰적 시각을 얻기를 기원했으나, 정작 고밀도의 긴장 상황에 대처하게 되면서 오히려 치유할 수 없는 기억을 갖지 않게 되길 원하는 상충되는 인식 태도를 보이게 되는 것이다. 그러나 위의 두 언술은 이율배반적인 의미에서 대립되는 것이 아니라, 더욱 간절하게 스스로의 트라우마에 대처할 수 있는 보다 본질적이고 원형적인 상태에 대한 염원이다.

시월 위기는 지나갔다. 카리브 해의 위기. 거대한 사건들에 이름붙이는 것은 그것들을 죽이는 것과 다름이 없다. 단어들은 작고, 조악하다. 내가 죽었더라면 모든 것이 끝나버렸을 것이다. 하지만 아직 나는 살아 있다. 살아남았다는 것은 강렬한 깊이를 가진 순간을 망가뜨리는 것이기도 하다. (이렇게 거짓된 말이 또 있을까!) 나는 위기의 나날들에 대해 깨끗하고 텅 빈 시각을 유지하고 싶다. 나를 질식시키던 사물들, 공포, 욕망들에 대해. 쉽지는 않다. 이것 말고는 더 이상 덧붙일 게 없다. 나는 글쓰기를 마쳤다. 인간(나)은 슬프다. 하지만 살기를 원한다. 단어

들 저 너머로 가기를 원한다.(소설, 146쪽)

세르히오의 고백은 역사적 트라우마를 과거의 고체화된 산물로서 인식하여 대응하려는 인식에 대한 환기이다. <저개발의 기억>은 역사적 트라우마에 대해 기념비적이거나 선동적 행위의 한계를 넘어서, 현실적으로 실현가능하며 치유 가능한 방식으로 쿠바인들의 트라우마를 일상성의 관찰을 통해 성찰하려는 내러티브의 형식을 잘 드러낸 기념비적 작품이다.

쿠바의 미사일 사태와 위기에 대한 트라우마의 기억은 여전히 냉전의 후유증을 앓고 있는 우리에게 전혀 낯설지 않은 상황이며, 역사적 현실이다. 삶의 일상을 지배하는 보이지 않는 의식의 억압에 대한 소설과 영화의 융합은 다른 듯 같은 메시지를 같은 듯 달리 표현하며 우리에게 다층적 이야기 걸기를 시도하고 있다.

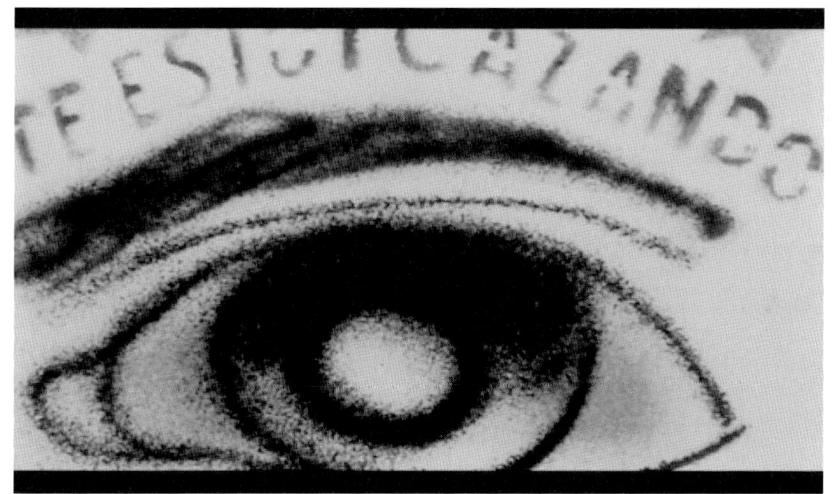

Sergio Corrieri
Daisy Granados
Eslinda Nuñez
Omar Valdes
René de la Cruz
Ofelia Gonzalez
Un Film de Tomas Gutierrez Alea
Memorias del Subdesarrollo

8.

<은총이 가득한 마리아>, 마약 딜러에게
영혼을 파는 수많은 마리아에게
은총이 가득하기를

　사람은 살아가면서 행운이 내게 닥쳐오길 막연하게 기대하곤 한다. 그런데, 은총으로 가득하다면 얼마나 기쁠 것인가. 영화의 제목인 '은총이 가득한 마리아'는 아기 예수를 잉태한 마리아가 성령으로 가득하여 기쁨

8. <은총이 가득한 마리아>, 마약 딜러에게 영혼을 파는 수많은 마리아에게 은총이 가득하기를

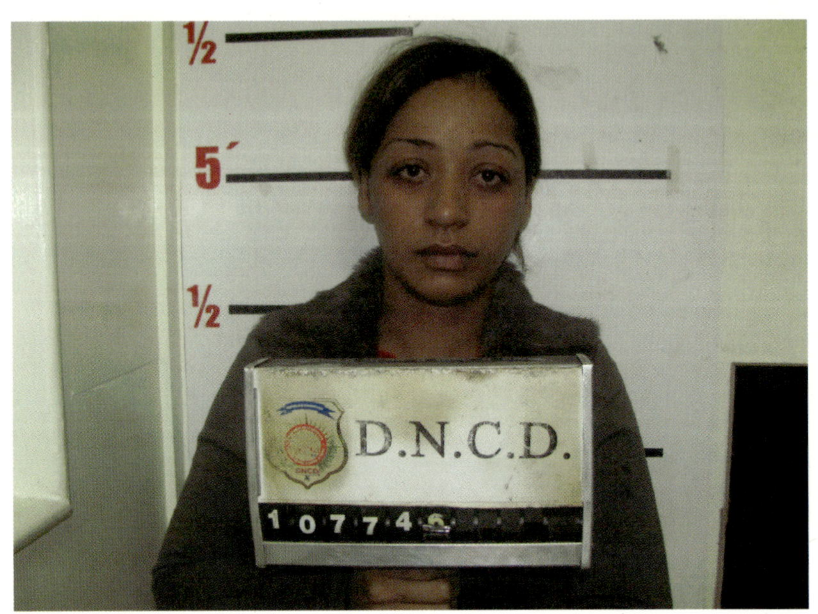

콜롬비아 정부는 해마다 마약 유통 문제로 골치를 앓는다. 다자간 국제협조를 통한 적극적인 구속수사 방침에도 불구하고, 빈곤퇴치를 위한 근본적인 접근 없이는 마약 거래를 뿌리 뽑기 어려운 현실이다.

으로 충만해 있음을 노래한 대목이다. 생명을 잉태한 것만으로도 감사와 기쁨이 가득할 수 있거늘, 인류를 구원할 사명을 지닌 특별한 생명을 잉태한다는 것은 그 자체로 가득한 은총이리라. 그래서 예수를 잉태한 마리아를 보고 가브리엘 천사가 이렇듯 '은총이 가득하신 마리아여 기뻐하소서' 라고 노래했다는 것이다. 하지만, 영화는 전혀 다른 상황으로 전개된다. 종교적인 메시지를 띤 것은 물론 아니다.

영화는 콜롬비아의 사회현실을 고발한 영화이다. 그런데, 우리나라에서는 <기품 있는 마리아>라는 제목을 달고 있다. 종교적 맥락을 모른 것은 물론이고, 영화의 내용과 전혀 이해하지 못한 채, 단어를 번역했

기 때문이다. 영화의 어느 대목에서도 주인공의 기품 있는 상황을 찾기
란 어렵다. 역설적으로 마리아에게 기품이 필요하기 때문이라고 주장
한다면, 그럴 수도 있을 것이라 대답할 수 있다.

영화는 아직 시간이 구분이 되지 않을 만큼 어두움으로 가득한 이른
새벽에 길을 나서는 마리아가 장미 화원으로 출근하는 장면으로 시작
된다. 출근 버스를 이용해서 먼 길을 달려 화원에 도착한 다양한 연령
의 사람들은 저마다 대량으로 생산되는 거대한 공장의 기계처럼 일사
분란하게 움직인다. 여분의 휴식도 허가되지 않는다. 근무시간에 화장
실을 두 번씩이나 가야 되겠다는 마리아가 감독관의 꾸지람을 듣는 것
은 어쩌면 당연하다. 그들에게 중요한 것은 생산성이니까. 현대 사회의

영화, 모던 타임즈는 모더니티에 열광하는 현대인들에게 과연 모더니티가 제공하는 노동의 의미가
무엇인지 신랄하게 비판하고 있다.

8. <은총이 가득한 마리아>, 마약 딜러에게 영혼을 파는 수많은 마리아에게 은총이 가득하기를

특징인 산업화는 인간을 기계적 소품으로 전락시키고 있다. 사람들은 그저 기계 부품처럼 움직이지 않으면, 고립되거나 낙오되어 버려질 위험과 직면한다. 비단 콜롬비아의 현실인 것은 아니다.

산업화과 근대화의 혜택이 골고루 미치지 못하는 대부분의 사회, 특히 저개발 상태의 사회에서 개인의 삶은 소모적 부품으로 활용되어야 하는 기능적 구조에 기반한다. 인간을 노동으로부터 해방시켜줄 것으로 생각되었던 산업혁명이 인간을 한편으로는 노동현장에서 벗어나게 함으로써, 실업자로 전락시키고, 다른 한편으로는 전문화와 분업화의 과정에서 기능적 소모품으로 전락하는 기회를 제공한 측면을 부인하기 어려운 것이다.

찰리 채플린이 <모던 타임즈>에서 얼마나 실감나게 연기를 했던가. 우리는 그저 웃으며, 배꼽을 잡으면 되었지만, 그러한 상황이 만약 내가 처한 상황이고, 탈출구가 쉽게 보이지 않는 감옥과 같은 조건이라면…. 찰리 채플린의 허둥대는 모습을 보고 웃었던 관객들은 마리아의 모습을 보고 왠지 마음이 무겁다. 어두운 극장의 공간이 미소와 행복의 공간이 아니라, 무거운 현실로부터 아직도 탈출하지 못한 마음이다. 영화는 욕망의 탈출구가 아니었던가. 욕망의 억압과 잉여는 한 얼굴의 양면이다.

콜롬비아의 수도 보고타 인근의 작은 마을에서 근근이 살아가는 열일곱 주인공 마리아는 특별한 소녀가 아니라, 수없이 많은 노동 현장에 내몰린 소녀들 가운데 하나이다. 선택의 여지가 없이 생계형 노동에 내몰린 소녀, 마리아는 자신과 가정을 위해 노동 현장에서 너무도 당연한 일과를 열어가지만, 그녀 자신은 열일곱 소녀일 뿐이다.

2011년 행복 지수에서 1위를 차지한 콜롬비아의 평균적인 현실이라면 조금 과장된 것일까. 물론, 중산층의 이야기일 수는 없다. 하긴, 건전하고 든든한 중산층에 대한 논의는 학문적으로도 불충분한 논란으로 그치는 경우가 많기에, 조금은 자조적인 용어로서의 중산층일 수 있다. 아무튼, 마리아는 하층에 속하는 그러나 평범한 시골 소녀이다. 마리아로 열연하는 까딸리나 산디노 모레노(Catalina Sandino Moreno)는 2004년 제54회 베를린 국제영화제에서 본 영화로 여우주연상을 수상한다. 그녀는 국내 관객들에게는 어딘지 낯익은 얼굴이다. 1981년 태어나 23살의 나이로 열일곱 소녀를 열연한 그녀의 모습은 정말 앳되다.

시간을 흘러가 보자. 까딸리나 산니노 모레노는 2007년 <콜레라 시대의 사랑(Love in the Time of Cholera)>에서 등장했고, 2010년 <이클립스>에서 마리아 역으로 우리에게 더 잘 알려진다. 여전히 그녀의 연기는 진행 중이지만, <은총이 가득한 마리아>는 그녀를 콜롬비아 연기자

8. <은총이 가득한 마리아>, 마약 딜러에게 영혼을 파는 수많은 마리아에게 은총이 가득하기를

로서는 최초로 아카데미 주연상 후보에 오르게 한 대표적인 작품임에 틀림없다.

감독 조슈아 마스턴(Joshua Marston)은 캘리포니아 대학교 버클리 캠퍼스에서 사회학을 전공한 경력답게 사회를 관찰적 시각으로 분석하는 시선을 보여준다. 2009년 작품인 <New York, I Love You>와 2011년 <The forgiveness of Blood>를 연출했으나, 우리에게는 조금은 낯선 감독이다.

마약 재배가 생계의 수단일 수밖에 없는 열악한 환경의 콜롬비아 농촌에서는 마약 거래에 따른 이익과는 별 다른 관계없이 그나마 나은 농작물일 뿐이었다. 그러나 콜롬비아 마약상들이 미국을 제집 드나들 듯 드나들면서 마약의 최대 소비국인 미국으로서는 손을 놓고 있을 수 없게 되었고, 콜롬비아 정부와의 협의 아래 마약 재배 대신 장미 등 특수 작물을 재배하는 지원을 대책으로 내놓았다. 마리아의 동네도 그러한 지원 정책의 배려를 받는 농촌 지역 중 하나이다. 영화에 구체적인 지역이 거론되지 않는 것 또한 상징적 의미에서 수용될 수 있는 문제이기 때문이다.

해묵은 얘기지만, 콜롬비아의 입장에서는 해외 자본에 의한 기업농들이 판을 치는 상황에서 소자본 자영농이 생계를 유지할 방도를 찾기

지속적인 단속에도 불구하고, 마약 거래는 점차 지능화되고 조직화된다.

어려운 농촌 환경을 지니고 있는 나라들 가운데 하나이다. 이들의 선택은 기업농이 하지 않는 분야에서 부가가치가 높은 분야를 찾을 수밖에 없으며, 그것이 바로 마약 재배라고 주장하는 것이다.

식민자와 피식민자의 입장이 같을 수는 없는 법이다. 저개발의 원인을 둘러싸고, 구성원들의 무능함이냐 식민자들의 수탈 때문이냐 하는 논란은 시들해질 법 하지만, 여전히 유효한 담론의 주제들이기도 하다. 닭이 먼저인지, 달걀이 먼저인지는 본질적으로 해결될 수 없는 모순된 질문이다. 이러한 질문에 답을 찾는다는 것은 언제나 어려울 수밖에 없다. 정부 정책과 대외관계를 설정한다는 접근자체가 어쩌면 정답이 없는 미로 속을 헤매는 것일 수도 있다.

남자 친구 후안에게 임신 사실을 알리지만, 어린 소년일 뿐인 그도 달리 할 수 있는 것은 없다. 열정과 사랑이 무엇인지, 현실의 문제를 해결해줄 수 있는 것은 아니다. 할머니와 엄마, 미혼모인 언니와 조카까지 마리아에게는 버거운 현실의 무게이다. 달아나고 싶어도 벗어날 길이 없다. 그저, 열일곱 평범한 소녀는 친구 블랑까와 남자의 얘기를 하면서 간지러운 즐거움을 느끼는 사춘기 소녀일 뿐인데. 후안이 둘만의 은밀한 공간을 얘기하지만, 그녀는 비현실적으로 높은 곳을 오른다. 답답한 현실의 탈출인 셈이다.

8. <은총이 가득한 마리아>, 마약 딜러에게 영혼을 파는 수많은 마리아에게 은총이 가득하기를

감독관과 싸우고 장미 화원 공장을 그만둔 마리아에게는 쉽게 돈을 벌 수 있는 유혹이 다가온다. 내몰린 그녀가 선택할 수 있는 옵션은 그리 많지 않았고, 수도인 보고타에서 결국 마약 운반을 하면 장미 가시 손질하는 것과는 비교도 될 수 없는 돈을 받을 수 있다는 사실을 알게 된다.

하지만, 선뜻 일을 받아들이기 쉽지는 않다. 막연한 두려움과 미래에 대한 불투명함. 그러나 마을의 유일한 직장인 장미 농원에 돌아가는 것

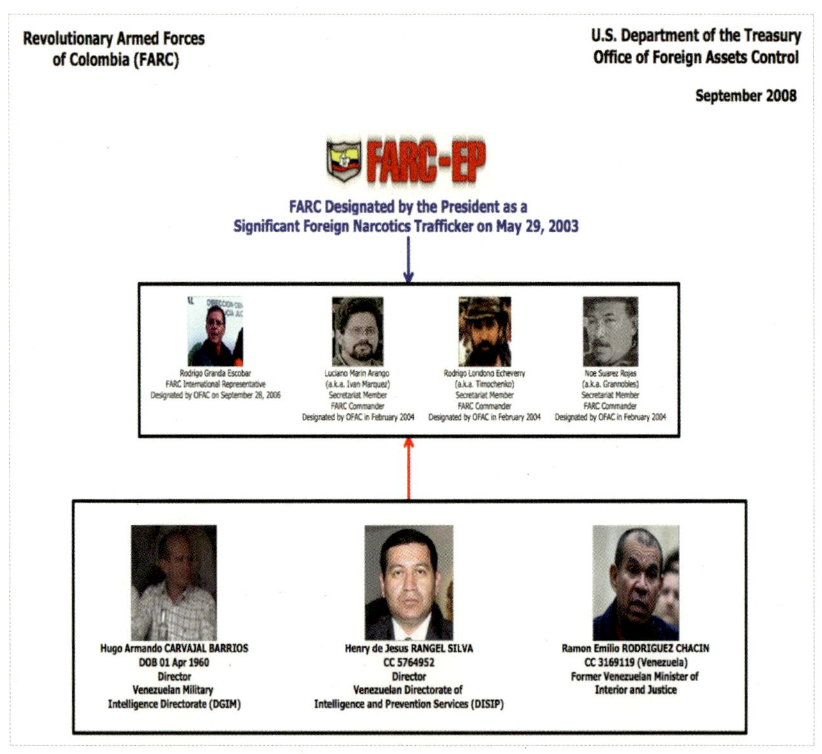

거대화되고 지능화되는 마약 거래는 코카인을 비롯한 마약 제조국과 세탁국, 유통국, 소비국들 사이에서의 국제적인 공조와 전담기구에 의한 대대적인 소탕작전을 필요로 하는 사태를 몰고 왔으나, 본질적인 문제 해결은 여전히 요원하다.

은 다람쥐 쳇바퀴 도는 일일 뿐 미래가 없고, 그녀의 가족은 잔인하게 도 그녀만을 바라본다. 현실적으로 무능할 수밖에 없는 남자 친구는 태어날 아기에 대해 책임을 질 수도 없다. 마리아에게 기품과 은총이란 찾을 수 없다. 그녀는 위기에 내몰린 소녀이다.

마약 운반상 하비에르와 먼저 일하기 시작한 소녀, 루시로부터 포도 송이를 삼키는 훈련이 조금은 도움이 될 것이라기에 연습을 해보지만, 마리아에게 마약을 유통하는 것에 대한 윤리적 죄의식은 없다. 그저, 미국 세관에서 붙들리면 어떻게 해야 하는지, 돈은 얼마나 받을 수 있는 것인지 궁금할 뿐이다.

삶을 총체적으로 돌아본다는 것은 본질적으로 중요한 일이지만, 그러한 너무도 당연한 성찰을 하는 것은 개인 자신이 어느 정도의 정서 심리적 여유를 지니고 있을 때 가능하다. 현실적인 대안을 내놓을 수

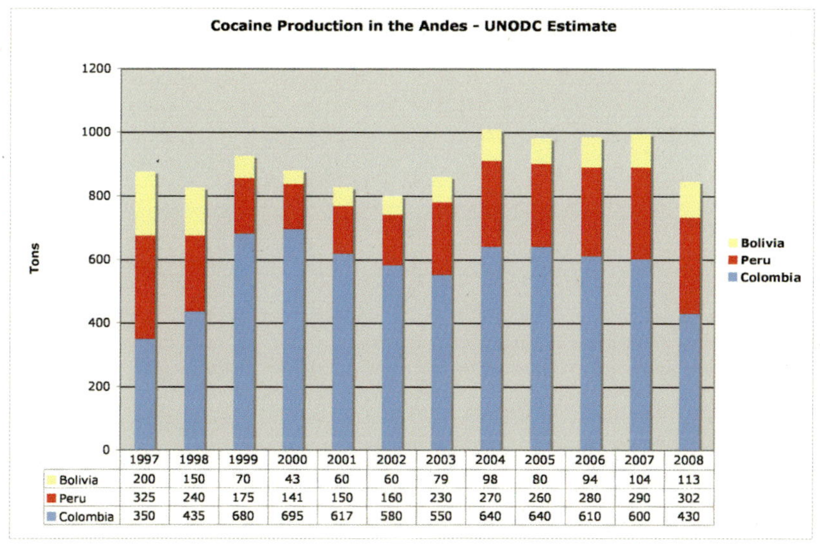

	1997	1998	1999	2000	2001	2002	2003	2004	2005	2006	2007	2008
Bolivia	200	150	70	43	60	60	79	98	80	94	104	113
Peru	325	240	175	141	150	160	230	270	260	280	290	302
Colombia	350	435	680	695	617	580	550	640	640	610	600	430

콜롬비아, 페루, 볼리비아 등 안데스 지역 3개 국가들의 코카인 생산 분포표. 생산억제를 위한 다양한 정책과 작전에도 불구하고 콜롬비아는 여전히 코카인의 대표적 생산국이다.

8. <은총이 가득한 마리아>, 마약 딜러에게 영혼을 파는 수많은 마리아에게 은총이 가득하기를

방대한 지역에 다른 수종들과 뒤섞여 재배되는 코카의 경우에는 비행기를 이용한 제초제 살포가 주지적으로 시행되고 있다.

없는 남자 친구나 자신을 직장으로 내몰 수밖에 없는 가족들 모두 그녀의 꿈이나 소망을 생각해줄 겨를이 없다. 이는 그녀 자신도 마찬가지이다. 태어날 아기와 가족들이 먹고 살 수 있는 방도라면 달리 마다할 수 없는 선택의 기로에 서 있을 뿐이다. 또래 친구들과 한가한 삶을 살아가는 남자 친구를 탓할 수도 없다. 그도 소년이다. 콜롬비아에서는 실제로 적지 않은 청소년들이 마약 운반이라는 유혹의 피해자가 되고 있다.

콜롬비아 정부 당국이 코카인 생산을 억제하기 위한 정책을 수립하지 않은 것은 아니다. 하지만, 안데스 지역에서는 코카재배가 일반적인 농경의 하나였고, 코카 잎사귀는 말리거나 달여서 훌륭한 약제로 활용되어온 전통적인 약재라는 인식 때문에 콜롬비아를 비롯한 안데스 지역에서 코카인 생산을 무조건 통제할 수만은 없는 문화적 배경이 있는 것은 사실이다. 산간 원주민들 사이에서 약재용으로 조금씩 재배하는 것은 실질적으로 허용하더라도, 코카인 추출을 위해 대량으로 재배하는 기업농장의 경우에는 적극적인 퇴출의 대상이 되고 있다. 하지만, 지역이 워낙 방대하고, 재배 방식이 다른 나무들과 뒤섞어 경작하는 등 변칙적인 경우가 많아서 실효적인 정책과 행정단속은 어려운 상황이다.

영화에는 인간 소포가 되는 운반책들이 삼켜야 하는 어른 엄지손가락만한 마약이 든 고무 봉지가 여자들의 경우에는 60~70개, 남자들의 경우에는 심지어 100개를 넘는 경우도 있음을 사실적으로 묘사한다. 위장에서 터지기라도 하면, 목숨을 잃을 수 있으므로, 극도로 위험한 생사를 건 일임에도 운반책들의 생각은 단순하다. 몇 푼의 돈을 쥘 수 있다는 것. 마약상들은 그들의 절박한 현실적 어려움을 교묘히 이용하여, 돈을 챙긴다.

마리아가 콜롬비아의 마약을 뱃속에 넣고 무사히 미국 세관을 통관하여 마약상들에게 넘긴다 해도, 그녀가 받을 수 있는 돈은 대략 계산해도 최대한 4,000불을 넘기 어렵다. 400여만 원에 목숨과 인생을 담보로 하는 것이다.

우려했던 일들이 벌어진다. 공항 수색대에서 함께 출발했던 운반책 가운데, 한 여인이 현장에서 X-Ray 사진으로 검거되었고, 의심을 받던 마리아는 소변 테스트에서 임신 사실이 발견되면서, 임산부에게 X-Ray 검사를 금지하는 규정 때문에 무사히 공항을 벗어난다. 하지만, 결국 싸구려 호텔에서 배변 과정을 통해 삼켰던 마약을 수거하는 동안 루시에게 사건이 발생했다. 의식을 잃어가던 루시는 욕조에 혈흔을 남긴 채 마약상들에게 의해 옮겨졌고, 감시가 소홀한 틈을 타 마리아와 블랑까는 무작정 탈출을 감행한다.

8. <은총이 가득한 마리아>, 마약 딜러에게 영혼을 파는 수많은 마리아에게 은총이 가득하기를

　연고가 없던 그녀들은 결국 루시의 언니 집을 찾았고, 그녀의 죽음을 숨긴 채 자신들이 계획을 정할 때까지 막연한 시간을 보낸다. 하지만, 결국 루시의 언니는 동생의 죽음을 알게 되었고, 배신감에 마리아와 블랑까를 내보낸다.

　이제는 선택의 순간이 된 것이다. 소녀들은 그냥 고향에 돌아갔다가는 가족들과 자신들 모두 마약상에 의해 목숨을 부지하지 못할 수도 있다는 충고에 고민에 빠진다. 하지만, 그녀들이 할 수 있는 선택이란 제한적이다. 결국, 그녀들은 마약상에 전화를 걸어 마약과 운반 품삯을 교환한다. 물론, 죽은 루시의 몫은 챙기지 못한다. 험한 위협만 들을 뿐이다.

　마약 운반이 어떤 것인지도 모른 채 가족과 아기를 위해 돈을 벌어보겠다고 나섰던 마리아와 블랑까는 다른 수많은 콜롬비아 마약 운반책들이 그러했을 것처럼 고민에 빠진다. 이제 고향에 돌아가서 무엇을 할 것인가. 루시의 경우처럼 몇 번이고 모험을 하다, 결국 죽음을 맞이하는 삶이 있고, 감옥에 갇혀서 젊음을 바치거나, 약간의 돈을 챙겨서 고향에 돌아가서 일상의 삶을 되풀이하는 가능성들이 그녀들의 앞을 기다리고 있다. 순간의 선택이 삶을 담보로 모험을 거는 행위가 되지 않도록 지혜를 모으기에는 그녀들의 나이는 너무 어리다.

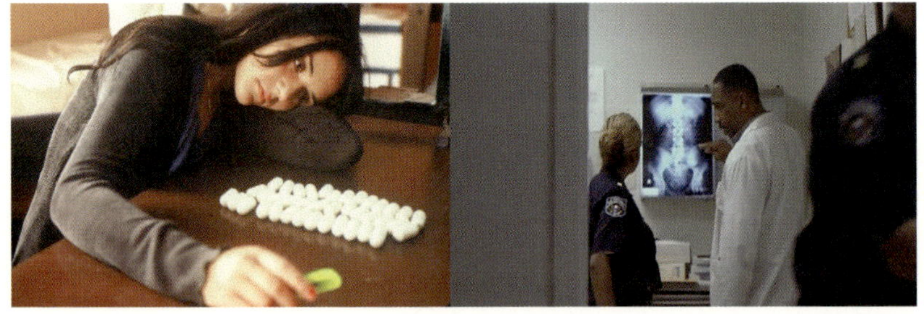

마리아는 우연히 스페인어를 사용하는 산부인과를 발견한다. 아기의
건강을 확인하고 싶은 마음에 병원을 들어선다. 죽음을 무릅쓴 어처구
니없는 모험도 사실 아기 때문이었지 않은가. 초음파로 아기의 사진을
확인한 마리아의 기쁨은 물론, 예수를 잉태한 마리아의 '가득한 은총'
과는 거리가 멀다. 하지만, 자신의 뱃속에서 생명이 살아 숨 쉰다는 사
실자체만으로도 마리아는 환희를 느낀다.

선택의 순간이다. 블랑까는 무섭고 예측되지 않는 상황들이 가져다
주는 두려움에서 벗어날 수 없다. 하지만, 블랑까와 함께 고향으로 돌
아가려고 탑승수속을 하던 마리아는 블랑까만 보내고, 뒤로 돌아선다.
미국에 머물기로 한다.

하지만, 마리아의 얼굴에서 희망과 기대감을 찾기란 어렵다. <그린카
드>에서 보았던 것처럼 불법체류자의 삶은 불안의 연속이며, <바벨>에
서 확인한 것처럼 불법체류자가 축적했던 노동의 가치는 결국 아무런
인정도 받지 못할 수밖에 없는 상황이지 않은가. 이제 그녀 앞에 놓인

8. <은총이 가득한 마리아>, 마약 딜러에게 영혼을 파는 수많은 마리아에게 은총이 가득하기를

나날은 두려움과 예측할 수 없는 일들과의 예약되지 않는 상황으로 가득할 것이다. 그녀에게 가득한 은총은 없다. 결코, 미국은 그녀 삶의 대안도 아니며, 은총도 아니기 때문이다. 다만, 선택을 할 뿐이다.

영화 <은총이 가득한 마리아>는 마약을 둘러싼, 콜롬비아 사회의 문제를 담담한 시의 시선으로 그려내었다. 정치사회적 정책과 공략을 얘기하는 것도 아니고, 경제구조에 대해 얘기하지도 않는다. 마약 공급과 유통이라는 정치사회적 담론을 얘기하는 것은 물론 아니다. 그저, 절실하게 돈이 부족했던 한 소녀가 우연하게 마약 운반을 하게 되면서 겪게 되는 미시적 주제를 다루고 있는 것이다.

한 사회에 대해 이론과 구조로 접근하는 것은 어쩌면 쉬운 일이다. 몇 가지의 수치를 얘기하고, 자료를 근거로 대면 마치 그 사회 구성원의 일상적 삶의 의미를 설명할 수 있는 것처럼 이야기한다. 하지만, 개인의 삶과 행복의 문제는 그 개인이 속한 사회의 구조와 통계, 정책으로 논의될 수 없는 수많은 이야기들 가운데에서 성찰되어야 할 필요가 있다. 마리아의 삶에 은총은 없었다. 앞으로도 장담할 수는 없는 일이다. 다만, 인격권의 시각에서 그녀가 하루하루의 삶에 곤경을 겪지 않기를 바랄 뿐이다.

9.

<루시아>, 트라우마의 역사성 환기와 재해석을 위한 여성 주인공의 변천사

<루시아>는 움베르또 솔라스(Humberto Solás) 감독이 1968년 제작한 영화이다. 이 작품은 쿠바영화예술산업기구(ICAIC)와 움베르토 솔라스 감독의 대표작으로서 상징적 의미를 지닌다. 1959년 혁명 이후 60년대에 신영화의 운동이라는 성과를 만들어낸 쿠바 영화는 '쿠바영화예술산업기구(ICAIC)'의 창조적인 기획이 시작된 이래 역사성에 대한 환기와 재해석을 추구하는 영화를 제작하는 데 성공적인 결과물을 만들어 내었으며, <루시아>는 대표적인 역사 영화로서 정점에 놓여 있다.

영화는 [1895], [1932], [196··]의 삼부로 구성되어 있다. <루시아>는 역사적(사회적) 맥락과 개인의식 사이의 변증법적 서술에서 관객이 인물과의 동일시를 통해 트라우마를 공감함으로써, 트라우마가 지닌 역

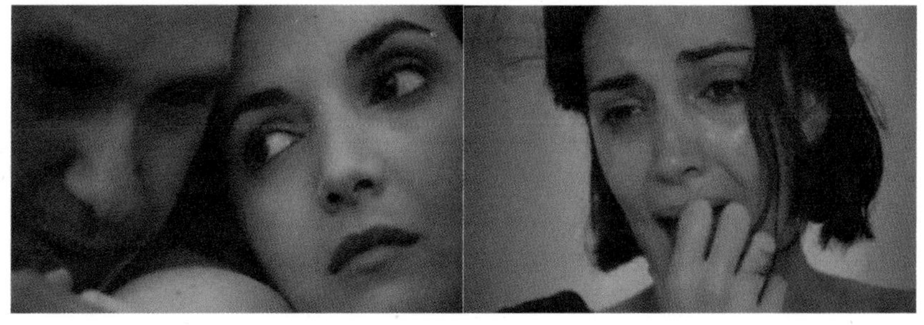

사성에 대한 인식의 환기를 목적으로 제작되었다.

<루시아>는 다큐멘터리 형식을 차용한 극영화이다. 마이클 로스가 지적하듯, [트라우마의 대상으로서] 역사를 서술한다는 것이 이미 예술적 표현의 영역에 속하기 때문에 영화, 특히 다큐멘터리 형식을 차용한 극영화들이 일상에서의 트라우마의 기억을 극복하고 미래지향적 전망을 위한 인식 전환의 매체적 도구로서 선두에 있는 것도 자연스럽다.

일상의 기억이 왜곡되어, 트라우마에 대한 간헐적인 기억이 '제대로' 반영되지 못하는 분위기에 노출되는 경우 피해자의 슬픔과 아픔의 감성은 분노와 광기로 표출된다. "당신도 알다시피, 광기는 지성과 같아요. 그건 설명될 수 없어요."라는 <히로시마 내 사랑>의 여주인공의 고백은 이미 선언과 다름이 아니다.

역사적 트라우마의 피해자들은 상대적 약자로서 여성 인물들을 통해

영화, <히로시마 내 사랑>의 장면

<히로시마 내 사랑>의 영화 포스터

상징적 의미가 부각된다. 정신대 여인들이 그들이며, 수많은 이름 없이 고통받은 여성들이 역사적 트라우마의 잔혹함과 그 두려움으로부터 일상적 망각이라는 약물에 의존하는 경향을 보이도록 내몰리는 것이 현실이다.

일본군 위안부로 활동하도록 강요된 한국과 동남아시아 정신대 할머니들의 시위나 아르헨티나 오월 어머니회의 시위, 중동과 아프리카 지역에서 여성할례 반대 시위 등은 역사적 트라우마의 피해자인 여성 스스로가 일상의 삶에서 트라우마의 원인과 본질에 직면하는 놀랄만한 태도이다. 이러한 사례들은 역사적 트라우마의 피해자인 여성들이 현실적으로 본질적 원인을 규명하거나 극복하려는 시도의 주체로서 외부에 노출되기 어려운 환경에 놓여 있는 정황을 고려한다면, 거의 예외적인 사례들이기 때문이다. 역사를 통해 오랫동안 여성의 현실은 개인적이고 사적인 삶의 영역 안에 숨겨져 왔으며, 현대에 이르기까지 '사생활'이라고 칭송받는 가치들은 의식에 강력한 장벽을 형성하였고, 따라서 여성의 현실은 사실상 보이지 않게 되어 버렸기 때문이다.

따라서 <루시아>와 같은 영화가 지향하는 목적 가운데 하나는 역사적 트라우마와 관련하여 개인으로서 여성 스스로의 변화에 초점이 맞추려는 것이 아니라, 개별 인격체로서 쿠바 사회를 대변하는 여성 인물과 관련된 인식의 사회적인 변화의 촉발에 있는 것이다. 여성 주인공들이 역사성과 일상성의 변증법적 대립의 구도에서 스스로 인식의 전환을 체험하며 변화할 수 있다는 주제는 관객의 공감을 통해 사회적인 변화의 틀로 외연이 확장될 수 있다는 인식의 공감으로 실현 가능한 실증적인 방안이기 때문이다.

첫 번째 에피소드인 [1895]는 쿠바의 역사에서 중요한 순간으로서 상징적 의미를 지닌다. 호세 마르띠(José Martí)를 중심으로 쿠바의 독립을 위한 쿠바인들이 2차 봉기의 해이기 때문이다. 주인공 루시아는 상류층 사회에 속한 풍요로운 가정에서 '여성으로 곱게 키워진' 인물을 대표한다. 그녀의 가정에는 남자가 보이지 않는다. 아버지는 등장하지 않으며, 평범한 어머니는 종종 아버지에 대한 불만을 언어적으로 토로할 뿐이다.

아르헨티나 오월 어머니회의 정기 집회 장면

아버지와 관계된 회상 장면도 없다. 아버지에 대한 그리움도 가부장적 권위에 대한 불만도 없다. 영화에서 아버지는 그저 부재할 뿐이다. 커피 농장에서 제2의 독립운동을 벌이고 있는 쿠바 병사인 남동생 또한 잠깐 등장한다.

루시아의 인식이 전환되는 계기는 평범한 일상 속에서 한 남성과 만나 사랑을 꿈꾸면서부터 시작된다. 성당에서 우연히 만난 그 남자는 이틀 전 쿠바에 도착한 스페인 군인, 라파엘이다. 그들의 만남은 역사적 트라우마가 어떻게 개인화 과정을 거치게 되는지에 대한 장치이다.

두 사람의 만남의 의미는 미친 여인 페르난디나를 통해 관객에게 전달되고, 쿠바인들 모두에게 보내는 메시지로 확장된다. 그녀의 메시지는 두 사람의 만남이 맺게 될 결말에 대한 복선이며 예언적 기능이다. 윤간당한 충격으로 정신을 놓은 수녀 페르난디나는 옥타비오 파스가 『고독의 미로(El laberinto de la soledad)』(1950)에서 멕시코인을 '겁탈(되어 낳은)의 아들(hijo de la chingada)'로 표현한 것에 대한 환기이다. 피식민의 고통이 성적 폭력으로 은유된 것이다. 교수형에 처해진 병사들의 넋을 위로하며 기도를 드리던 수녀, 페르난디나를 강간하는 스페인 병사들의 소문은 거리를 헤집고 다니며 외마디를 던지는 그녀의 처참한 모습과 광기어린 시선을 통해 사람(관객)들에게 그녀의 처절한 사

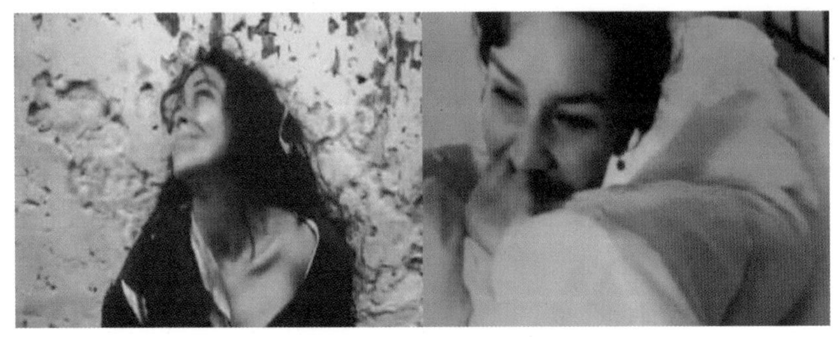

연의 무게감을 전달한다. 페르난디나의 절규는 광기의 외마디가 아닌 경고와 각성을 향한 기도에 가깝다. 일상적 기억의 왜곡된 노출은 분노와 광기를 통해 드러나고, 그녀의 광기는 때론 성찰적 직관으로, 통찰로, 예언적 기능으로 묘사되는 것이다.

라파엘과의 사랑에 빠진 루시아는 그가 붙여준 이름, '치자꽃'에 환희를 느낀다. 순수함과 정결함의 상징인 하얀 치자꽃은 트라우마의 역사성에 대한 개오를 경험하기 전 '여성으로 곱게 키워 진' 루시아를 상징한다. 숙녀로서의 우아함과 정갈함, 그리고 사회적 대인관계 속에서 조신함을 최고의 사회적 덕목으로 인식하도록 교육된 여인의 이미지이기 때문이다. 페르난디나의 경고도 거리의 소음일 뿐, 그녀의 가슴 속에는 희망과 사랑의 기쁨으로 가득하다.

남동생을 전쟁터에 되돌려 보내면서도 "나는 행복해."를 고백하던 그녀는 라파엘이 쿠바의 독립 운동을 감시하기 위해 파견된 스페인의 스파이이며, 유부남이라는 사실을 알게 되면서 스스로가 만든 고통의 감옥으로 들어간다. "어머니, 저에게 감옥을 주세요." 트라우마의 역사성이 개인화되는 과정이다. 역사적 트라우마를 체험하는 루시아의 모습에서는 간헐적으로 페르난디나의 광기가 오버랩 된다. 결국 라파엘

은 루시아를 속여 독립군의 위치를 알아냈고, 그 결과 루시아는 남동생이 죽음을 당하는 광경을 목격하게 된다. 그녀의 분노는 페르난디나의 광기를 닮아간다. 트라우마의 역사성에 대한 개인의 체험이 사회화 과정을 겪는 순간이다. 분노와 광기에 휩싸인 루시아는 라파엘을 찌른다.

군중들의 집단 광기와 광란이 절규와 두려움, 공포를 통해 드러난다. 붙들려가는 그녀에게 페르난디나가 다가선다. 루시아는 눈을 뜬 채, 허공을 본다. 그녀의 시선은 현실에 있지 않다. 역사적 트라우마의 직면은 사회적 시각에 의해 '여성으로 곱게 키워진' 여인 루시아에게서 '치자꽃' 같은 이미지를 지우고, 페르난디나의 이미지로 중첩된 서술을 통해 개인의 일상적 삶에서 트라우마의 기억을 묘사한다.

두 번째 에피소드인 [1932]는 마차도 독재정권이 폭력 정치의 극을 달리던 해를 무대로 한다. 어느 날 루시아는 경찰의 눈을 피해 숨어 있는 청년 투쟁가, 알도와 만난다. 그와의 만남은 사회적으로 길들여지는 여성의 수동성과 소극성에 본질적인 변화의 계기를 만들게 된다. 알도가 사회적 조건과 갈등에 대해 적극적이고 이념적이라면, 루시아는 일상적이고 개인적인 삶의 태도를 대변한다. 그들은 알도의 도피처에서 즉흥적으로 춤을 추려는 상황에서도 다른 취향을 드러낸다. 루시아가

왈츠를 생각하는 반면, 알도는 탱고를 제안한다. 사회적 갈등 상황에 대해 단호한 알도에게서 남자의 매력을 발견한 루시아는 알도에게 먼저 호감을 표현한다. "당신은 나를 기쁘게 해요." 알도에게 루시아는 순진무구한 아름다움이다. "그대는 다정하고, 상냥하며, 순수해요. 가끔은 정말 부드러워. […] 후회하지 않을 거야. 너는 내 첫 사랑이야."

루시아와 알도는 순식간에 가까워지고, 둘의 곁에 알도의 투쟁 동지인 안또니오와 그의 애인 플로라가 등장한다. 이들의 시선은 사회의 갈등과 현 정부의 폭력 정치에 응시의 시점을 맞춘다. 알도는 마차도 정권에서 일하는 경찰과 군인들을 향해 테러를 감행한다. 살사의 선율이 화면의 어지러운 구도 위에 겹쳐지며 장면을 긴장으로 유도한다. 거리의 아비규환. 쓰러지는 군중들, 특히 시위하던 여인들이 쓰러지며 영화는 극적 상황으로 치닫는다. 소극적 삶을 살아가던 인물들의 적극적인 행위는 역사의 트라우마로서 관객의 일상의 기억을 수정하며 동일시와 공감을 통해 트라우마가 재현되는 과정으로 확장된다.

에피소드의 주제는 독재자 마차도의 실각 이후 바티스타 정권으로 바뀐 상황에서 여전히 변하지 않는 사회의 분위기를 지적하는 데에 있다. 안또니오와 플로라의 느슨해진 삶의 태도는 알도와 루시아의 불안

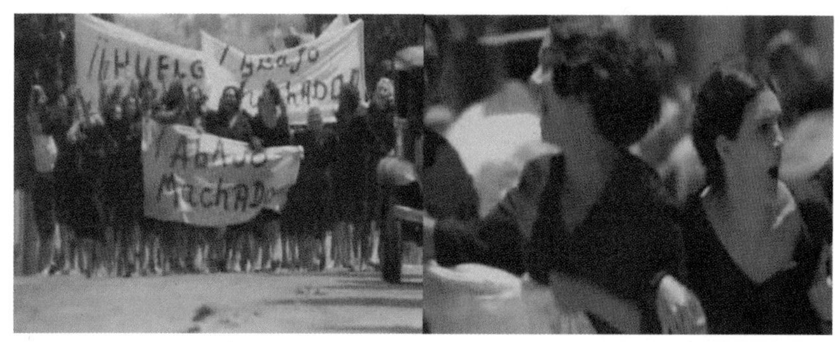

함과 대조된다. 투쟁의 본질은 완성되지 않은 채 투쟁의 대상만 제거된 상황에서 알도의 넋두리가 의미를 더한다. "이건 똥이야. 아무 것도 바뀐 것이 없어." 알도는 죽은 이들의 희생이 헛됨을 눈물로 호소한다. 알도는 계속해서 무장 투쟁을 수행하고, 담배공장에서 일하고 있던 루시아는 알도의 주검을 확인하라는 통보를 받고 경찰에 소환된다. 사랑하는 이의 죽음은 힘없는 여인을 투사로 전환시킨다. 그녀는 슬퍼하지 않는다. 오히려 슬픔의 실체를 천천히 직시한다. 비교적 경쾌한 관악과 그 뒤로 점점 커지는 타악기의 소리가 그녀의 전환을 예고한다. 그녀의 변화는 알도의 죽음을 통해 미래지향적인 통찰로 이어지게 된다. 루시아는 알도에 대한 사랑을 통해 개인적 트라우마를 사회화하는 과정을 경험하게 된 것이다.

세 번째 에피소드의 표제어인 [196..]은 혁명 이후 영화가 제작된 1968년 이전 쿠바 사회의 어느 시점을 의미한다. 혁명은 변화될 수 없을 것 같았던 쿠바의 정치 상황을 본질적으로 바꿔놓았다. 그러나 혁명은 일순간에 완성되는 것이 아니다. 세 번째 에피소드의 주제는 여성으로서 혁명의 과정을 타성적인 시각이 아니라 자율적이고 주체적인 시각에서 어떻게 받아들이게 되는지에 대한 구성에 있다. 하지만, 거창한

구호를 내세운 혁명이 아니라, 일상에서 개인의 행복에 대한 인식태도의 혁명을 얘기한다.

집단농장 노동자인 루시아는 또마스를 만나 사랑에 빠진다. 문제는 그가 그녀를 소유하려 한다는 데에 있다. 또마스의 태도는 마치스따의 전형을 넘어선다. 자본주의 세계의 대표적인 부조리인 '소유'를 향한 욕망을 대표하기 때문이다. 또마스의 태도는 정도를 넘어서는 것이 사실이다. 루시아가 모임에서 다른 남자와 이야기를 나누거나, 춤을 춘다는 것은 결코 허용할 수 없는 한계로 인식한다. 결국, 루시아를 집안에 가두고, 대인관계와 사회생활 모두를 제한하기에 이른다.

처음에는 애정과 간섭을 구분하지 않던, 루시아는 또마스의 행위를 폭력으로 인식하기 시작한다. 쿠바 혁명 주체들은 혁명의 정신이란 부패 자본주의로부터 나오기도 하지만, 타성과 방관, 종속성과 노예성으로부터 독립에서 발견되는 것이라 믿기 때문이다.

루시아는 남자에게 종속되지 않으려, 저항한다. 그러나 또마스는 문과 창에 못질을 한다. 집안에 갇힌 채 분노를 경험하는 루시아의 모습이 화면에 일렁이며 카리브의 운율을 담은 노랫말이 들려온다. "루시아는 갇혔고, […] 그는 그녀를 노예로 만들려 하네." 설탕 농장의 노예가 되기

위해 아프리카에서 잡혀와 험난한 삶을 살았던 선조들의 이야기는 다름 아닌 '노예화'의 트라우마에서 일상의 망각된 기억을 채우고 있었다.

루시아는 격렬하게 저항하며, 현실을 부정했지만, 또마스의 행위는 단호했고 집요했다. 혁명의 정신이 인간의 해방에 있는 것이라면, 무엇보다 먼저 사회에 만연한 정신적 노예성을 극복하고, 그러한 차원에서 여성의 주체적 삶의 태도는 보장되어야 하는 것이다. 변화되어야 하는 것은 시스템에도 있지만, 보다 본질적인 변화의 대상은 일상적 삶에서 드러내는 쿠바 시민들의 인식 태도의 전환에 있음을 지적하는 구성이다.

주변인들은 또마스의 '질투'를 지적한다. 그의 질투는 소유욕에서 발생하는 것으로서 루시아를 노예화하는 전근대적 인식 태도로 규정된다. 선조들을 노예화했던 서구의 수탈적 행위와 태도를 또마스가 재현하고 있는 것이다. 루시아의 분노는 노예성의 일상적 기억의 트라우마를 환기시키는 장치로서 관객들에게 공감을 유도한다. 남편의 소유욕과 사회적 개별 인격체로서 자신의 제한된 삶에 대한 분노와 저항은 트라우마를 직면하는 구도로 유도된다.

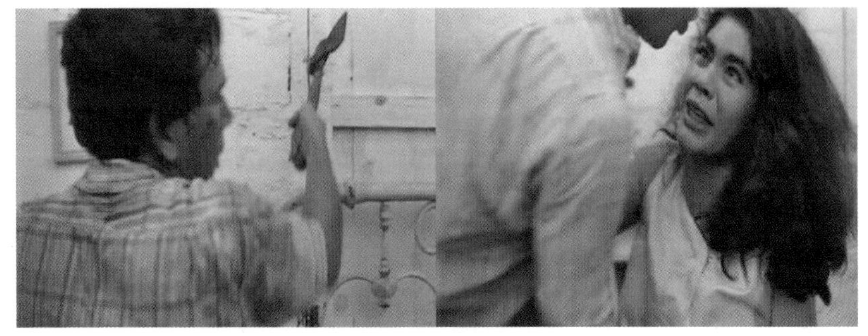

눈물과 호소로 남편에게 종속되어 있던 루시아가 선언을 한다. "나는 이렇게 계속할 수는 없어. 나는 나갈 거야." 루시아는 처음으로 자신의 넘어설 수 없을 것이라 생각했던 두려움과 공포의 상황을 넘어선다. 더욱 중요한 것은 여성이 주체적으로 '노예성'을 벗어나려는 절실한 자기 직면이 있어야 한다는 의미로 확장된다.

또마스는 그녀를 찾아 나서지만, 일을 하고 있던 루시아는 거듭 자기 선언을 공포한다. "당신은 아무 것도 아니야. 이젠 당신을 사랑하지 않아." 자신의 소유주처럼 군림하던 또마스를 향한 선언인 것이다. 당황하는 또마스의 얼굴이 줌인되며, 노랫말이 들려온다. "[그는] 윤리적으로 망가졌지. 남편으로서 스스로를 망친거야." 여전히 그 어느 때보다도 그녀를 더 사랑한다면서, 재결합을 애걸하는 남편을 향해, 루시아는 단호하다.

루시아는 수탈된 노예의 후손으로서, 여성으로서 이중적 타자라는 역사적 트라우마를 통찰하며, 자신의 삶의 방식이 지닌 한계에 종지부를 선언하고, 자신의 목소리를 되찾으려 노력한다. 이 과정에서 가부장제적 가정의 원형을 파괴하는 것이 아니라, 여성의 목소리가 수용되는 새로운 형태의 가정을 전망한다.

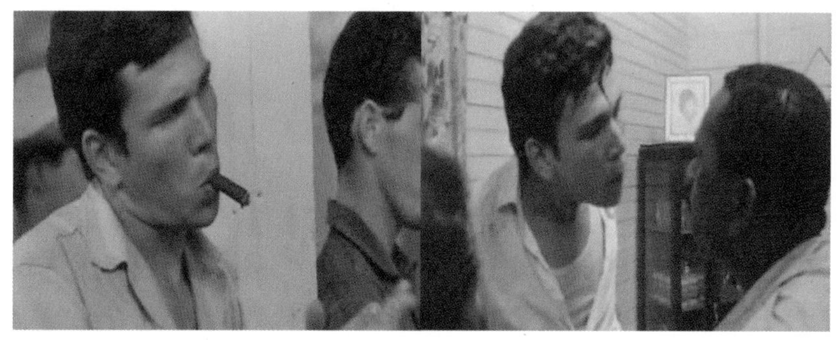

　마지막 화면에서 바닷가에 쓰러지는 두 남녀의 모습을 보면서 어린 소녀가 활짝 웃는 표정에서 미래지향적 긍정적 전망의 이미지가 연출된다.

　<루시아>에 등장하는 세 여인들은 모두 자기 자신과의 고립된 만남을 통해 아픔을 극복하는 것이 아니라, 다른 이들과의 관계를 재정립하고 재구성하는 아픔의 과정을 통해 자신의 문제를 직면하고 문제를 극복하는 인물이다.

　과거를 마무리 지은 생존자는 미래를 생성하는 과제에 직면할 수 있다. 외상이 파괴한 과거의 자기를 애도한 그녀/쿠바는 이제 새로운 자기를 발달시킬 수 있는 것이다. 관계는 외상에 의해 변화의 가능성에

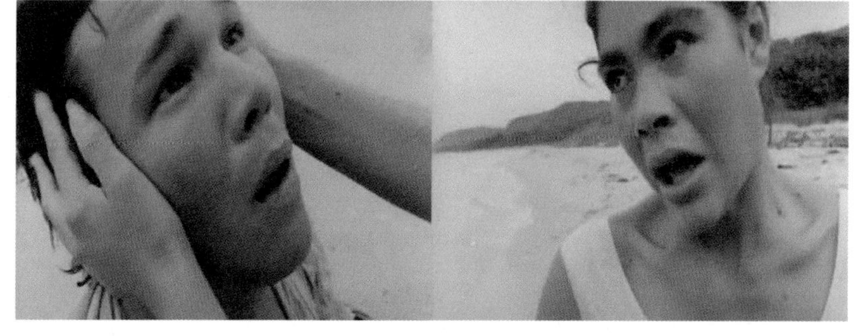

직면한 것이다. 이제 그녀/쿠바
는 새로운 관계를 발달시킬 수
있는 계기를 만난 것이다. 그녀
/쿠바의 인생에 의미를 주었던
오래된 믿음과 신념은 새로운
도전으로 미래지향적 가치와
만나야 한다는 것이다. 이것이

솔라스 감독이 기획한 쿠바 혁명의 진정성을 구현하는 과정일 것이다.
즉, 외상의 아픔은 망각되는 것이 아니라, 기억되고 재현되어야 하며,
역사 속에서 이는 늘 반복되어야 하며, 트라우마의 피해자들은 그렇게
생존하며 미래를 희망해야 한다는 메시지일 것이다.

10.
<바벨>, 외로운 섬으로
살아가는 현대인의 소통부재를
이야기하다

영화 <바벨>은 성경에 나오는 에피소드를 모티브로 차용한다. 인간
의 언어가 왜 여럿으로 뒤섞여 있는지를 설명하는 일화이다. 바빌로니
아 사람들은 견고한 도시와 '꼭대기가 하늘에 닿는' 탑을 쌓음으로써,

이름을 떨치려 했다 한다. 하느님은 탑을 건설하는 사람들의 언어를 혼란시켜 더 이상 서로의 말을 알아듣지 못하게 해 그 일을 막았다는 것이다. "야훼께서 온 세상의 말을 거기에서 뒤섞어놓아 사람들을 온 땅에 흩으셨다고 해서 그 도시 이름을 바벨이라고 불렀다"는 대목이 창세기 11장 1~9절의 주된 내용이다.

바벨은 히브리어로는 바벨(babel: 혹은 Bavel)인데, '혼동시키다'라는 뜻의 'balal'과 발음이 유사하여 이러한 일화가 성경에까지 흔적으로 남게 되었다고 한다. 자, 여기에서 중요한 것은 인간의 언어가 단일화되어 있지 못한 상태가 소통의 부재의 원인이 된다는 사실이다.

영화 <바벨>은 과연 영어, 스페인어, 아랍어, 일어, 불어, 일본 수화 등이 등장하는 복잡한 언어로 구성되었다. 물론, 촬영 또한 현장 로케가 원칙이었으며, 주연 배우들 또한 다국적인 구성이며, 유명배우와 무명배우가 혼합된 그야말로 혼성적 요소의 조합이었다.

영화의 포스터가 보여주는 언어 표현과 이미지 또한 각양각색이다.

영화 포스터에 등장하는 다양한 언어와 이미지는 인간의 소통이란 하나의 창구가 아닌 다양한 경로를 거치지 않고서는 상호소통이 얼마나 어려울 수 있는지, '바벨'의 소통적 의미를 잘 반영해준다.

사회와 문화 권역에 따라 다양한 표현과 전달 방식을 지니고 있기 때문이다. 영화에서 시사되는 바벨탑의 의미는 관객의 반응에 따라 달라질 수 있을 것이다. 인류가 쓰는 동일한 언어와 그에 따른 일종의 타락과 비극의 주제라는 점에서는 영화와 성경은 동일한 시점에서 출발한다. 감독인 알레한드로 곤살레스 이냐리뚜(Alejandro González Iñarritú)는 현대 멕시코의 대표적 감독 가운데 한 사람으로서, 2000년에 발표된 <아모레스 뻬로스Amores perros>로 칸 영화제에 입성하면서 국제적 명성을 지니고 있다. <바벨>은 알레한드로 감독에게 칸 영화제에서 감독상과 2007년 골든글로브 최우수작품상을 안겨줬다. "영화의 힘은 보편적이며, 인간의 정서는 통역을 필요로 하지 않는다"는 그의 수상 소감은 바벨의 영화적 의미를 상기시켜주었다. 알레한드로 감독에게는 같은 멕시코 감독 겸 각본가인 기예르모 아리아가(Guillermo Arriaga)가 큰 힘이 되었다.

<21그램>에서 복잡한 내러티브를 살려내는 힘을 발휘했던 기예르모는 <바벨>의 산만한 구성을 뒤엉킨 실타래를 풀어가듯 뛰어난 재능을 보인다. 4개국 6개 언어로 구성되는 영화의 플롯은 주된 행위 하나만으로 내용을 풀어가는 많은 할리우드 영화의 전형적인 전개 방식과는 사뭇 구분이 된다.

영화는 관객들에게 산만하다는 인상을 줄만큼 행위가 벌어지는 공간과 주인공들을 교체하며 전개된다. 따라서 영화의 플롯을 그대로 따르는 것은 이미 부수적 의미를 지닌다. 복합적이고 병렬적인 다양한 사건들이 연이어 전개되는 그 상황자체가 중요하기 때문이다. 관객은 모로코 사막의 한적한 산간벽지에서 울려 퍼진 한 발의 총성으로 시작된 복합적 구성의 플롯이 미국과 일본, 멕시코와 모로코를 오가면서 전개되

는 행위들을 통해 전혀 별개의 네 가지의 사건으로 보이던 이야기들이 어떻게 하나로 풀려가는지 그 과정에 몰입하게 된다. 얼핏, ‘나비효과’처럼 사건들은 서로가 맞물려 돌아간다.

아이를 잃고 실의에 빠진 아내를 위로하기 위해 복잡한 일상으로부터 벗어나 모로코로 여행을 온 미국인 부부 리처드[브래드 피트(Brad Pitt)]와 수잔[케이트 블란쳇(Cate Blanchett)]은 막상 여행지에서도 불안한 심경을 감추지 못한다. 다이어트 콜라가 없는 것까지는 어쩔 수 없어도, 미지근한 콜라를 식히기 위해 얼음을 넣는 것은 결코 용납이 되지 않는 수잔에게 모로코는 불안정하고 비위생적이며, 모든 것이 낯선 환경일 뿐이다. 안절부절 못하는 수잔에게 리처드는 모처럼 마음의 여유를 갖기를 바라지만, 함께 패키지여행에 참여한 다른 관광객들과도 겉돌 뿐이다.

리처드와 수잔 부부가 여행지로 택한 모로코의 사막에서 총성과 함께 사건이 발생한다. 영화는 9.11 테러 이후 줄곧 들려오는 '음모'나 '기획'과 같은 의도된 폭력과는 전혀 무관한 우연에 의해 모티브가 부여된다. 현실 도처에 만연한 폭력과 그에 따른 상처들이 '의도된 폭력'이 아닌 '우발적 사건'에 의해 야기된 것일 수도 있고, 혹은 '우발적 사건'에 의해 외형적 사건들이 벌어지고 있지만, 우리는 여전히 사람들의 내면에 잠재하고 있는 '트라우마'를 살펴보지 않는 것은 아닌가, 영화는 질문을 던지는 듯하다.

모로코 사막의 한적한 시골 마을에는 척박한 환경에서 가축을 돌보는 형제가 살고 있다. 함께 사는 소녀의 목욕하는 모습이나 훔쳐보고, 고추를 만지작거리며 몽상에 젖는 충동적인 유세프에 대한 묘사에서 소녀와의 관계는 구체적이지 못하다. 남매인지, 사촌인지 구분이 없다. 중요하지 않은 것이다.

유세프는 나이에 비해 조금 더 조숙하기는 해도, 호기심 많은 그저 아이일 뿐이다. 몇 살 많아 보이는 형 아흐메드 또한 다르지 않다. 이들은 척박하고 건조한 산악지대에서 산양을 돌보는 노동에 내몰린 저개발 국가의 수많은 아동들을 대변한다. 그렇다고, 이들에 대한 묘사가 특별한 담론을 담고 있거나 이념적인 것은 물론 아니다. 그저, 환경의 척박함과 삶의 고단함이 병렬적으로 카메라 앵글에 담기고 있을 뿐이다.

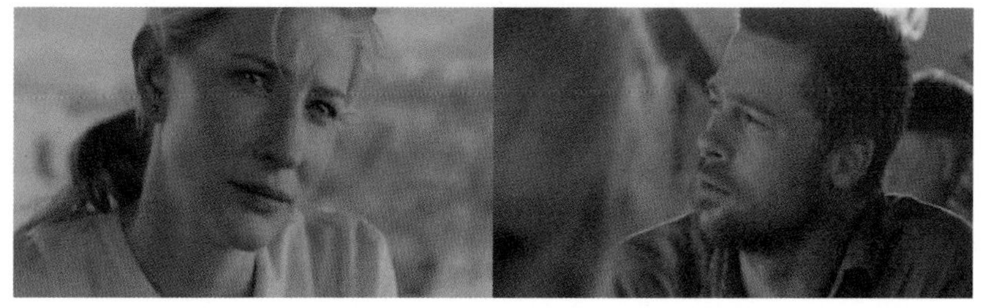

가축을 지키기 위해 우연히 손에 넣게 된 사냥총이 **3km**까지 날아가는지 확인하겠다는 아이들의 충동적인 행동으로 이어지고, 유세프와 아흐메드 형제는 정작 아버지가 지시했던 자칼 사냥 대신 바위와 움직이는 자동차들을 겨냥하며 사격솜씨를 겨루게 된다.

소년들은 자신들이 티격태격 벌이던 사격솜씨 겨루기에서 버스를 향해 조준 사격을 하는 의미에 대해 아무런 생각이 없었다. 그저, 목표를 정하고, 맞춰보겠다는 충동 이외에는. 그들은 자신들의 행위에 대한 결말이 어떻게 될 것인지 '예측하고 행동할 수 있는' 성숙한 이들이 아니다. 물론, 이는 소년들이 아니라, 어른들의 경우에도 예외가 되는 것은 아니다. 아무튼, 유세프가 쏜 총알은 버스로 날아 들어와, 창가에 앉아 상념에 젖어 있던 수잔의 어깨를 관통하여 쇄골 뼈에 심각한 상처를 입힌다. 상황은 급박하게 돌아가는 한편, 관광객들과 경찰은 자동적으로 테러리스트의 소행 가능성을 떠올린다. 전혀 의도가 없는 우발적 폭력이 의도적 폭력으로 해석이 되는 순간이다.

결과가 있으면 원인이 있는 법이므로, 피해자가 발생했다면, 분명 의도적인 가해자가 존재할 것이라는 최근 테러리즘에 대한 극단적 해석의 태도가 이 영화에서도 적용되는 듯하다.

공포의 대상으로서, 악의 축으로서 해석되는 테러리즘에 대한 현대

인들의 인식은 매우 부정적이다. 폭력의 형태는 테러로 이해되는 순간 피해자와 관련된 사람들 사이에서 트라우마로서 해석된다. 테러의 모습으로 인식되는 폭력은 곧 바로 공포와 두려움의 원인으로 자리한다.

일상으로부터 벗어나 서로의 아픔을 잊고 싶었던 이들 부부에게 갑작스러운 총격은 정신적 트라우마로 연결된다. 브래드 피트의 연기력은 이때부터 돋보인다. 전형적인 미국인을 연기해달라는 알레한드로 감독의 주문에 맞춰 장시간의 분장과 40도를 넘나드는 한낮 사막의 폭염에도 브래드 피트는 예전의 섹시한 남성의 이미지를 벗어나, 보다 적극적인 연기자의 모습으로 거듭난다. 평단의 주목을 받을 충분한 이유가 그의 연기에서 드러난다. 과다하게 출혈하는 아내, 처음에는 두려움에 떨면서도 협조를 하던 관광객 일행들이 시간이 지나면서 자신들의 안전을 확보해야 한다는 불안함으로 리처드와 충돌을 하게 된다.

모로코와 멀리 떨어져 사건의 본질과는 전혀 무관할 것 같은 동경에는 엄마의 자살 이후 마음의 문을 닫아버린 청각장애 여고생 치에코가 산다. 다중의 언어로 소통하지 못하는 답답함은 그녀 삶의 환경 곳곳에서 발견된다. 간절한 무엇인가를 가슴에 품고 있는 슬픈 눈빛의 치에코는 마음에 상처에 의한 트라우마 이외에도 언어적 소통의 장애를 지니고 있다. 이중적 트라우마이며, 섬처럼 살아가는 고독한 현대인들의 표

10. <바벨>, 외로운 섬으로 살아가는 현대인의 소통부재를 이야기하다

상일 수도 있다.

멕시코 감독의 스페인어에서 일본어로, 다시 일본 수화로 전달되었을 연기 지도와 대사 전달의 의미는 영화 전체에서 드러나는 '소통'의 주제와 밀착되어 관객에게 다가온다. 치에코는 외로움을 대신할 따스한 인간관계를 애절하게 찾는다. 행여 여자로서 자신을 드러내면, 그러한 기회가 올까, 엄마의 권총 자살이라는 충격적인 죽음을 목격했던 치에코는 이런 저런 방황과 몸부림을 친다.

남자들의 시선을 의식하며, 팬티를 입지 않은 치마 속을 드러내 보이거나, 치과의사에게 키스를 시도하기도 하고, 또래 남자들로부터 환각제를 받아먹고 신나게 춤도 춰보지만, 그녀의 공허함과 우울함은 여전히 따스한 위로가 더욱 절실할 뿐이다.

한편 리처드와 수잔 부부의 아이들은 멕시코인 보모 아멜리아[아드리아나 바라사(Adriana Barraza)]와 시간을 보낸다. 그녀는 푸근하지만, 분석적이거나 체계적이지 않은 평범하고 전형적인 멕시코 아줌마이다.

상황은 급박하게 돌아간다. 리처드 부부가 총격 사건으로 예정대로 돌아오지 못한다는 소식에 멕시코 몬떼 레이(Monte Rey)에서 치러지는 아들의 결혼식에 참석해야 하는 그녀로서는 선택의 여지가 없다. 보모를 대신할 사람을 구해야 하지만, 여력이 없고, 결국 결혼식이 열리는 멕시코로 아이들을 데리고 국경을 넘기로 한다. 그녀에게는 국경이란 특별할 것 없는 절차이거나 공간일 뿐이기 때문이다.

조카 산띠아고[가엘 가르시아 베르날(Gael García Bernal)]은 국경을 넘나드는 여정의 동행이다. 단순명료하고 친근하지만, 즉흥적이고 충동적인 역할의 능청스런 그의 연기가 빛을 낸다.

멕시코 전통방식으로 치러지는 결혼식의 흥겨움은 리처드의 아이들

도 덩달아 흥겹게 만든다. 문제는 미국으로 국경을 넘어가야 하는 상황
이다. 산티아고와 아멜리아는 곤하게 잠이 든 아이들을 뒷좌석에 태우
고, 다시 국경을 넘는다. 국경에서의 검문. 늘 일상적으로 이뤄지는 절
차이다. 그 절차에는 사연에 따른 원칙 따위는 없다. 기계적 매뉴얼에
따를 뿐이다. 그런데, 누구의 잘못이랄 것도 없이 공연한 시비가 벌어
진다. 불안한 산티아고가 오버를 한 것이다.

　아이들을 태운 차는 황무지를 향해 질주하고, 쫓아오는 경찰차를 따
돌리며 곡예운전을 하던 산티아고는 아멜리아와 아이들을 길에 내려놓
고 위기를 모면한다. 하지만, 사막과 다름없는 국경지대에서 아멜리아가
할 수 있는 일이란 걷고 또 걷는 일 이외에는 없다. 결국, 길을 잃고 국
경순찰대에 붙잡힌 아멜리아는 불법체류와 유아학대 등의 죄목으로 자
신이 반평생을 모아 쌓아온 미국에서의 재산과 터전을 그대로 포기한
채 멕시코로 추방되어, 도로변에 앉아 있다 기다리던 아들과 재회한다.

　역사의 배경을 되짚어 본다면, 아멜리아가 불법체류를 했다고 추방
된 바로 그곳이 아멜리아의 조상이 살았고, 멕시코의 영토로 버젓이 기
록되어 있던 공간이었음은 아이러니한 현실이다. 누가 누구를 불청객
이라 내쫓을 수 있는 권리를 지니는 것인가. 아멜리아가 수십 년을 성
실하게 살면서 이룩했던 삶의 공간과 재산은 불법체류자에게 허락되지
않는 권리의 대상이 되고 말았지만, 텍사스 주를 시작으로 현재 미국의
광활한 지역은 모두 억지스러운 미-멕시코 전쟁의 결과 승전국인 미
국이 '수거'해간 지역이 아닌가. 감독은 역사의 흐름을 되살리지 않았
다. 다만, 억울하고 비참한 아멜리아의 심정을 담담한 일상의 문제로
묘사하고 있을 뿐이다. 서로가 다른 목소리로 자신의 얘기를 하려고 든
다면, 언제나 바벨탑처럼 각자의 말을 하고 있을 뿐, 진정한 소통은 불

가능할 것이다.

　모로코에서는 수잔을 살리려는 리처드의 투쟁과 미국인 관광객을 저격한 테러리스트를 잡으려는 모로코 경찰의 수색이 오버랩 되며 전개된다. '의도적 살인'의 배후는 어이없게도 일본인 사냥꾼의 보조를 맡았던 모로코 현지인, 하산이 선물로 사냥총을 받았고, 그 총을 다시 유세프의 아버지가 인수하고, 다시 유세프와 아흐메드에게 자칼 사냥을 위해 주어진 사실 때문이라는 정황이 드러나면서, 유세프 일행을 쫓는 경찰과 유세프 부자 사이에서 불필요하고 충동적인 살인이 벌어진다. 결국, 아흐메드는 죽고, 유세프는 자수를 한다.

　미국 대사관의 협조로 수잔은 응급 수술을 받게 되었고, 모로코 정부는 사냥총의 입수 과정에 암시장의 개입이나 테러리스트의 연관성 등에 대한 조사를 하게 된다. 일본 경찰이 치에코의 아버지 야스지로(야쿠쇼 코지)를 만나려는 이유이다. 서로 다른 에피소드로 개별적으로 존재하는 것 같았던 이야기들은 연결된 고리를 만나면서 전체를 만들어가는 퍼즐과 같이 구성된다. 영화의 행위는 산만하지만, 결국 하나의 커다란 행위를 향해 전개되며, 그 과정에서 에피소드들은 주제를 향해 각자의 역할을 수행하게 되는 것이다. 치에코의 불안한 심리상태와 생활의 원인이 무엇이었는지, 사건의 외형을 통해 감추어졌던 진실들이

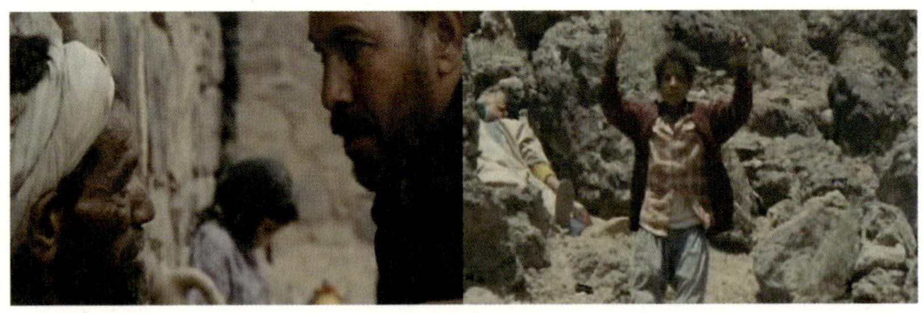

들춰지는 과정에서 트라우마의 아픔은 힘겨운 직면과 치유의 개연적 가능성 사이에서 꿈틀거린다.

치에코는 아파트 현관에서 만난 경찰에게서 자신이 겪는 그리움과 가슴의 상처를 치유할 수 있는 막연한 가능성을 헛되이 꿈꿔본다. 만약 자신을 여인으로 보게 된다면, 자신에게 보다 깊은 관심과 애정을 보여주지 않을까 소망해본다.

치에코의 마음을 조금은 알 것 같은 경찰의 배려에 그녀는 조용히 자신의 상처를 드러낸 채 어둠 속에 남는다. 경찰을 아버지와 현관에서 만났고, 핫산에게 선물로 건넸던 사냥총의 출처에 대한 설명을 마친다. 집으로 돌아온 야스지로는 딸, 치에코를 가만히 안아준다. 두 사람 모두 아내와 엄마의 자살이라는 트라우마에서 헤어나지 못했지만, 서로의 상처를 보듬는다. 그들의 아파트는 다른 빌딩처럼 바벨탑을 이루고 있다.

치에코의 애절한 눈빛에 가슴이 아픈 경찰은 간이식당에서 사케를 마시며, 공허한 눈빛으로 뉴스가 방영되는 TV에 시선을 돌린다. 화면은 모로코에서 위기에 처했던 미국인 부부가 아내의 총상 수술을 무사히 받고 오일 만에 귀국했다는 단신을 전한다. 특별한 해석도 덧붙여진 것은 없다. 그저 수많은 사건들에 대한 무수한 정보들 가운데 하나이다.

다양한 사건과 일들, 우리 주변에서 늘 일어나는 그러한 소식들 가운데 하나인 것이다. 따라서, 경찰에게 뉴스는 치에코 아버지의 총기에 의한 사건과의 연관성으로 부각되지 않는다. 그들만으로는 전체의 형체를 알 수 없는 퍼즐 조각들일 뿐이다.

모로코의 유세프와 아흐메드 형제가 산 정상에서 세차게 불어오는 사막의 바람을 맞으며, 바람을 가르고 날고 있는 듯한 영상이 비극적인 현실과 대조되어 화면을 가득 메운다. 자유롭게 나는 모습은 그들의 소망이었을까, 기억이었을까.

결과적으로 네 개의 에피소드는 트라우마로 닫혔던 마음의 문이 열리는 결말로 이어지지는 않는다. 다양하면서 저마다의 방식으로 사건은 일단락된다. 하지만, 소통의 어려움을 야기했던 본질적인 문제는 전혀 거론되지 않았다. 영화는 인간의 소통이라는 본질을 이야기하지만, 주인공들 사이에서 왜 소통이 단절된 것인지에 주목하지 않는다.

사건은 있지만, 그 원인과 분석에 집중하지 않는다. 충동적이고 우발적인 조준 사격이 예상할 수 없었던 죽음을 야기했고, 죽음에 대한 원

인을 추궁하는 다양한 목소리와 거기에 덧붙여진 왜곡과 편견 이외에 어떠한 구체적인 논의도 없다. 치에코의 우울증에 대한 본질적인 접근도 개연성으로 제공될 뿐이다. 미국에서 추방된 아멜리아가 도로변에 쭈그리고 앉아 있다가 아들과 재회하는 장면에서 어떠한 분석도 포함되지 않는다. 리처드와 수잔이 위기를 넘기고, 무사히 귀국하는 장면도 뉴스 장면을 통해 묘사될 뿐이다. 물론, 긴박한 상황에서 두 사람은 죽음의 이별 앞에서 뜨거운 키스를 나누며 깊은 공감을 이룬 듯 보이기는 했다. 하지만, 본질적인 치유인지는 알 수 없다. 저마다 자신들의 삶을 살아 내야하는 사람들의 몫이다.

유세프가 쏜 탄환을 테러리스트와 연결시켰던 왜곡과 편견의 시선에 대해서도 아무런 논의가 없다. 영화는 그저 우리가 실제로 겪을 수 있는 가능성의 사실들을 한데 묶어 보여주고 있을 뿐이다.

결과적으로 바벨탑을 건설하면서 우리의 문명사회가 겪는 오만함과 편견, 타자를 향한 왜곡된 시선에는 모든 원인이 담겨 있겠지만, 일상적 삶의 깊은 곳에서 나오는 현상들은 이성과 논리적 분석력으로 해결될 수 있는 문제가 아니기 때문이다. 감독은 관객에게 보여주되, 강요하지 않으며, 관객 스스로의 관조와 상념을 이끌어낸다. 고층 빌딩의 숲처럼 우리의 삶이 고립된 섬처럼 외롭게 배타적인 모습으로 나아가는 지금, 소통의 부재를 야기한 바벨탑은 과연 무엇인지, 감독은 우리에게 화두를 던진다.

11.
<떼레사의 초상>,
사회인습으로서 남성우월인식에
대한 고발적 시각

쿠바에 대한 이미지는 극단적인 경우가 많다. 많은 정보가 공유되지 않기 때문이다. 때로는 열대의 이국적 풍경으로, 때로는 사회주의 혁명의 역사적 현장으로, 때로는 음악과 삶의 조화에 대한 이미지로 다가오기도 한다.

하지만, 정작 쿠바인들에게 자신들의 나라인 쿠바의 문화적 정체성

은 무엇일까. 혁명은 진행 중이라는 쿠바인들에게 과연 어떠한 혁명이
진행 중이라는 말인가.

　<떼레사의 초상>은 빠스또르 베가의 1979년 작품이다. 영화는 남성
우월주의를 고발한다. 직장생활을 하며, 주부로서, 엄마로서, 아내로서
의 삶을 살아가는 여성의 일상에 대한 묘사를 통해 관객의 '동일시'와
'공감'을 매개로 전개된다. 1979년 쿠바 사회는 이념적 혁명을 위한 과
거역사의 청산보다는 일상적 삶에서 사회문화적 인습을 바로잡으려는
새로운 문화적 혁명의 시기를 맞이한다.

　혁명은 결국 대중이 주인이 되는 사회의 발전을 도모해야 하는 것인
데, 과연 당시 쿠바의 사회문화적 위상은 어떠했는지, 일상의 삶에 대
한 자기 성찰이 영화의 주된 테마였다.

　다음 그림에서 보는 것처럼, 남자는 계속 진화하고 있으나, 여자는

여전히 바닥을 닦고 있다. 아래쪽 그림은 '여성 노동자와의 연대'를 사회적 이슈로 얘기하는 남편이 집에서는 여전히 가부장제적이고, 남성 중심적 의식으로 판단하고, 생활하는 단면을 드러낸다. 위의 그림들은 여성의 사회문화적 위상에 대한 한계를 지적하는 조소적인 내용이며, 여전히 여성에 대한 사회문화적 편견이 여성을 제 위치에 정립시키지 못하게 하는 요소라는 반증이다.

쿠바 혁명은 서구에 의해 주도된 식민화로부터 '탈식민'을 부르짖으며, 사회의 모든 구성원들이 '자유'를 쟁취하기 위한 목표로 수행되었다. 하지만, 혁명이 선언된 지, 20년이 되는 시점에서 빠스또르 베가 감독은 쿠바 혁명이 스페인과 미국으로 대표되는 서구가 청산의 모든 대상인 것처럼 논의되는 것보다는 사실상, 국내 구성원들인 쿠바 사람들의 일상적 삶의 사회문화적 가치에서 보다 본질적인 문제를 찾아야 하는 사회문화적 인식을 환기한다.

하지만, 사회문화적 가치를 구성하는 이념과 관습 등을 전향적 시각

11. <떼레사의 초상>, 사회인습으로서 남성우월인식에 대한 고발적 시각

으로 전환하려는 노력은 결코 쉽지 않다. 전략적 접근이 필요한 이유이다. 효율성이라는 측면에서 교육적 캠페인이나 구호를 통하는 접근보다는 영화 매체와 같이 관객의 '몰입'을 통한 '공감대 형성'을 토대로 접근하는 것이 보다 긍정적이다.

사실 1959년 혁명이 성공한 이후 쿠바영화예술산업기구(ICAIC)는 혁명의 정신적 목표와 성과에 주목하며, 역사적 '과거 청산'에 집중하였으나, 70년대부터는 보다 일상적인 삶의 가치에서 잊고 있는 문제는 없는지, 사회문화적 가치의 재정립과 더불어 '자기 성찰'의 기회에 주목했다. 아래의 표어는 남녀불평등과 맞서 싸우는 과정을 축구시합으로 비교하여 계몽하려는 내용을 담고 있다. 하지만, 공감대를 이끌어내기에는 제한적일 수밖에 없다.

<떼레사의 초상>은 1968년 움베르또 솔라스의 작품인 <루시아>의 3

부 가운데 마지막 에피소드의 루시아가 남편의 '마치스모(Machismo)'에 대항하면서도, 남편을 설득하여 가정을 지키려 했던 것과 비교하면, 보다 투쟁적이고 선동적이며, 독립적인 인물을 묘사한다. <루시아>의 세 번째 루시아는 갈등상황에서 자기주장을 한다. 남편의 질투와 성적 지배가 보다 중요한 요점이 되는데, 집에 있지 않고, 내가 할 수 있는 일을 하겠다는 사회적 참여의 차원에서 자립과 독립, 자아 찾기와 연결된다.

<떼레사의 초상>에서는 <루시아>의 경우에 비추어 보다 구체적인 현실이 묘사된다. 그녀는 세 명의 아이들의 엄마, 남성 우월주의자의 아내, 방직 공장의 직원, 노동자 연맹의 문화 담당 등의 역할을 수행하면서 사회문화적 편견에 맞서 당당하려는 여인의 모습이다.

엄마나 아버지의 주장은 '단순하게 집안일을 하며, 아내 역할에 충실한 것이 본질적'이라는 견해를 밝힌다. 사회에서 주체적 역할을 수행하는 개인으로서 보다 적극적인 자신의 역할을 선택하는 것은 선택의 문제가 아니라, 당연한 역할임을 강조한다. 각자 맡은 일을 충실히 한다는 것, 그것이 당연하다는 주장 자체가 편견과 인습이라는 사실을 그들은 인식하지 못한다.

여성의 일과 남성을 일을 정하고, 구분하는 과정에서 사회적 편견과 성차별이 기인할 수 있음을 깨닫지 못하는 것이다. 영화는 이처럼 쿠바 사회에 만연한 남성우월의식에 대한 일상적 시각에서의 접근이다.

70년대 말 쿠바 사회는 기존 세대의 양성 관계에 있어서 성차별이나 양성평등 등에 관련하여 사회구조적 갈등 요소에 대한 의식이 일반화되지 못한 상황이었다. 힘들어 하는 떼레사에게 그녀의 엄마는 "여자는 여자, 남자는 남자일 뿐. […] 이건 피델 자신도 못 바꾼다"고 결론짓는다. 혁명의 대상으로조차 인식되지 않았던 가치 개념으로서 남녀의 사회적 역할이라는 문제의식은 뿌리 깊은 사회문화적 가치관이기 때문이다. 떼레사는 문제에 직면한다.

70년대 말 쿠바 사회는 모든 분야에서 꾸준히 혁명을 외치고 있지만, 정작 일상적 삶에서 가장 본질적인 문제조차 외면하고 있는 것은 아닌지, 감독은 문제를 던져주고 있다. 사회문화적 가치에 대한 변화의 시선이 왜 필요한 것인지 말하고 있다. 정치제도의 개혁이 사회문화적 인

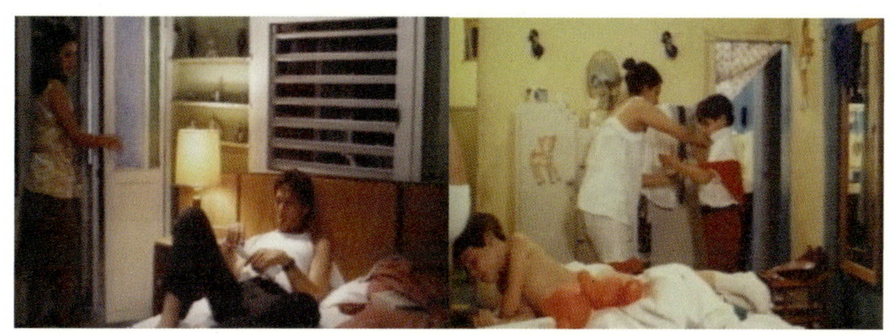

식의 개혁이나 일상에서의 구체적인 삶의 변화보다 중요한 것은 결코 아님을 지적하는 것이다.

"나는 엄마와 속한 시대가 달라서 다행이야." 떼레사의 시선이다. 남편인 라몬은 TV 수리 기술자로서 사회적으로 우수한 재원이다. 자기개발의 측면에서 주인공들은 각각 별다른 문제를 지니고 있지 않다. 둘의 관계 또한 사랑으로 맺어진 관계이다. 직장업무와 특별활동, 집안일까지 여러 몫의 삶을 살아가는 떼레사에 대한 이해가 부족한 남편에 대한 투정에 대한 직장 동료의 조언도 크게 다르지 않다. "그런 것은 남편들이 짜증을 내는 일이야."

영화, <루시아>에서 주인공 루시아가 저항하는 대상은 개인으로서의 남편이었으나, <떼레사의 초상>에서 여주인공이 변화의 대상으로 삼는 것은 남성우월의식의 대표적 유형으로서의 남편, 라몬이다.

"오늘은 설거지를 않겠어." 라몬은 "내일이면 나아지겠지." 아내의 불만을 이해하지 못하는 남편의 설득에도 불구하고, 떼레사는 "내일, 당신이나, 나, 모두 변하는 것은 아니야."라 외친다. 사소한 문제에 본질적으로 대응하는 아내의 태도에 당황한 라몬은 점차 언성을 높이게 되고, 떼레사 또한 감정적으로 폭발한다.

하지만, 떼레사는 라몬이 원하는 것처럼 직장 근무 시간과 근무 후 직장동료들과의 '문화 활동'의 시간을 바꿀 수는 있지만, 남편의 시중을 들기 위해서가 아니라, 근무 후 보다 자유로운 여가활동을 하려는 것이라 항변한다. "나는 노예가 아니야." 그녀의 말은 단호하다.

> "나는 노예가 되고 싶지는 않아. 내 자신이 될 거야. 나는 내 엄마나
> 시어머니처럼 살지는 않을 거야."

떼레사의 말은 이미 상징적 선언을 담고 있다. 그것은 개인으로서 떼레사의 말이 아니라, 쿠바 여성의 대표로서 내뱉은 말이기 때문이다.

문제에 직면한 떼레사가 해결책을 찾아가는 과정은 고민과 번민으로 표현된다. 하지만, 사회의 인습적 가치관을 바꾼다는 것은 "피델도 할 수 없다"는 표현처럼, 혁명정신으로도 불가능한 대상일이지 모른다. 시어머니가 "요즘 여자들은 백인, 흑인, 애, 어른 할 것 없이 다들 그 모양이다", "자유롭다는 거겠지"라며 보수적인 가부장제적 인식과 남성우월의식에 친숙한 가치의식에 대한 동의를 가감 없이 드러내는 행위에서 떼레사

의 어려움이 묘사된다.

집을 나간 라몬은 우연히 만난 미리암과 애정관계를 지속하면서도, TV 수리기술자로서 자신의 전문성을 위한 노력을 무리 없이 수행한다. 한편, 떼레사 또한 <루시아>의 세 번째 주인공과 비교했을 때, 보다 구체적이고 정교하며, 추진력을 지닌다. 결국, 그녀는 국립극장에서의 공연을 성사시킨다.

수많은 국제 영화제의 상을 휩쓸었던 <떼레사의 초상>은 개인으로서 떼레사가 아니라, 70년대 말 '쿠바 사회의 여성의 초상'이라는 점에서 중요하다. 떼레사와 라몬 부부의 문제는 결국, 둘 사이의 이해 부족이나 노력 부족이라는 추상적인 입장이 아니라, '남성우월의식'이 일상적 삶에 얼마나 민감하게 폐해를 줄 수 있는 것인지에 대한 인식이 라울과 떼레사의 입장에서 극단적으로 다른 모습으로 그려지고 있다는 점에서 드러나기 때문이다.

정서적으로 불안한 떼레사는 남편의 부재에도 불구하고, 긍정적인 일상을 도모한다. 아들 토니와 즐거운 시간을 보내고 있는 장면은 화면을 채우는 TV가 라울의 역할을 하고 있는 것처럼 보이기도 한다. 변화의 안정적인 가능성이 보이는 상황에서 떼레사와 미리암 사이에서 라몬은 성적/정신적 갈등 구도에 놓인다. 여기에서 미리암의 역할은 제한

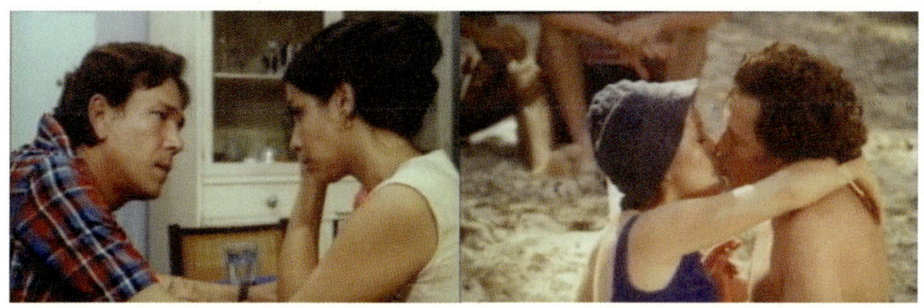

적이다.

　중요한 것은 라몬과 떼레사가 주도적이고 주체적인 개인으로서 역할을 어떻게 수행할 것인지, 자신들의 자유의지가 무엇이고, 어떠한 인식에 기반을 하고 있는 것인지에 대한 담론이기 때문에, 상황에 의한 충동적이거나 우연적인 요소가 극의 전반을 구성하는 '행위'의 주체가 되지 않는다.

　따라서 미리암의 역할은 제한적일 수밖에 없다. 더욱 흥미로운 시점은 라울과 떼레사는 별거 상태에서도 나름대로 자신들의 삶의 원동력을 구성할 수 있는 기본 활동은 충실히 이행한다. 각자의 직장에서 역할을 성실하게 수행하고 있다는 사실에 대한 묘사이다. 이는 천편일률적인 신파 드라마들이 지향하는 하나의 문제를 지닌 캐릭터 혹은 인물은 여러 영역에서 자신의 문제점이 부각될 수 있는 부정적 요소들을 방출하는 것으로 그려지는 것과 대조적이다. 사회의 구성 요소에 대한 다양한 가치 체계에 대한 성찰적 시각을 제공하기 위해서이다.

　방직 노동자 조합에서 무용그룹을 구성하여, 공연하는 것이 사회적으로 호응을 받게 되며, TV 인터뷰에 응하게 된다. 인터뷰 진행자는 공연의 정신이나 중요성 등에 대해서는 공동책임자인 토마스에게 물어본 뒤, 떼레사에게는 그녀의 외모에 대한 칭찬과 두 남녀가 잘 어울릴 수

도 있을 것 같다는 농담을 흘린 뒤, "당신은 가정에 충실합니까"라며 묻는다. 당황한 그녀에게 남편의 이름을 묻고, '라몬'이라는 대답을 듣는 장면을 우연히 라울이 보게 된다.

라울은 떼레사가 근무하는 공장을 찾아서, 자신이 전문 기술자로서 파견되는 산티아고 데 쿠바에 떼레사가 함께 옮겨서 근무할 수 있는 가능성 등을 상의한다. 상사는 '결혼 11년에 아직도 아내를 이기고 정복하려는 마음을 지닐 만큼 사랑에 빠져 있으니, 행복한 것이라며 두 사람의 관계를 분석'한다. 과연, 라울이 미리암과 정리가 되었을 때, 떼레사의 입장과 두 사람의 관계에 대한 전망을 감독이 어떻게 풀어갈 것인가, 살펴보는 시각이 남성우월의식을 풀어가는 공감대 형성과 인식의 전환을 위한 방향성 제시라는 입장이 될 수 있을 것이다.

일반적인 경우처럼 남편은 외도 이후에 자신의 의지로 가정으로 돌아왔을 경우, 여자들은 수동적으로 남편을 받아들이며 자신들이 사회적으로 불안정한 가정을 극복하게 되었음에 중요한 의미를 부여한다고 본다면, 본 영화는 남편을 수용할 것인지에 대한 떼레사의 입장을 '주저'하는 태도로 그리고 있다. "그렇게는 안 돼, 불가능해" 용서하고, 하지 않고는 이미 중요한 문제가 아니라는 것이 떼레사의 입장이다.

그렇다면, 무엇이 문제란 말인가, 관객은 궁금증을 안게 된다. 여기에

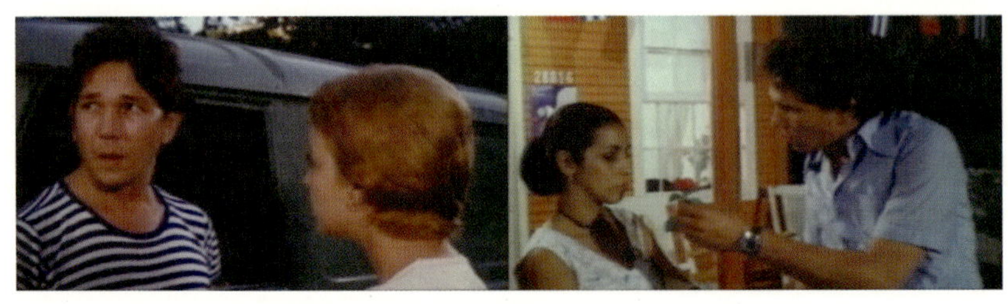

감독이 생각하는 영화 매체의 사회문화적 기능이 있다. 관객을 공감과 몰입을 통해 담론 혹은 논의에 적극적으로 참여하게 함으로써, 구태의 연한 사고방식이나 행위의 반복이 아니라, 논의의 대상에 대한 본질적인 성찰을 유도하려는 것이다.

새로운 변수는 떼레사의 외도이다. 함께 직장에서의 '문화 활동'을 지도하던 토마스는 떼레사에겐 위로이거나 혹은 남편의 외도에 대한 맞바람이었을 수도 있었을 것이다. 하지만, 그녀는 자신이 남편에게 던졌던 돌멩이가 정당한 것이었는지, 자문한다. 두 사람의 별거와 소원해진 관계가 남편의 외도 때문이었는지, 아니면 다른 보다 본질적인 이유 때문이었는지. 관객들은 떼레사의 입장에서 해답을 찾도록 유도된다. 영화는 이러한 시각에서는 페미니즘적이다. 여성의 사회적 억압과 무게를 여성의 입장에서 해결할 수 있는 시각을 찾고 있기 때문이다.

라몬은 산티아고 데 쿠바에서 컬러 TV기술국에 근무하기로 결정했으며, 미리암과의 관계는 진정한 사랑이 아니라 그저 스쳐 지나가는 바람이었음을 깨달았다고, 떼레사에게 고백하며, 그녀를 향한 자신의 사랑을 고백한다. 함께, 서로의 사랑이 시작되었던 산티아고 데 쿠바로 이사

를 가자는 제안과 함께.

그녀는 묻는다. 만약 내가 그와 같은 경험을 했다면 어땠을지 묻는다. 그의 대답이다. 나는 남자잖아. 어떻게 같을 수가 있어. "나는 남자야, 남자는 달라"라 대답한다. "게다가. 같을 수도 없지. 그건 다른 거니까" 그것이었다. 둘 사이가 소원해지고, 별거가 이별로 이어질 수도 있는 필연적 요소가 있었다면, 그것은 바로 라몬이 대답하는 내용에 있었다. 남자와 여자는 다를 수밖에 없다는 생각. 남성우월의식인 것이며, 이것이 70년대 후반, 쿠바 사회가 발전을 위한 혁명적 개혁의 수행 대상으로 삼아야 하는 사회문화적 가치이며, 인습이라는 것이 감독의 생각인 것이다. '마치즘'으로 대표되는 가부장제적 남성우월의식이 쿠바 사회의 미래지향적 발전 과정에 저해 요소라는 인식이다.

커피숍을 박차고 나가는 떼레사를 뒤쫓던 라몬의 등 뒤로 결혼식 광고 쇼 윈도우가 공허하게 보인다. <신혼부부를 위하여>. 노래가 배경처럼 들려온다. "여자들은 암탉과도 같지. 남편이 죽으면 다른 남자들을 따라가거든." 흥겨운 운율과 가락에 맞춰 노래를 부르는 밴드 주위로 사람들이 인산인해를 이룬다. 라몬이 떼레사의 반응을 낯설고 지나치게 느껴질 수밖에 없는 이유도 쿠바 사회 전반에 깔려있는 남성우월의식의 보편성 때문이다.

떼레사는 라몬에게 저항하는 것이 아니라, 그의 인식과 그를 지지하

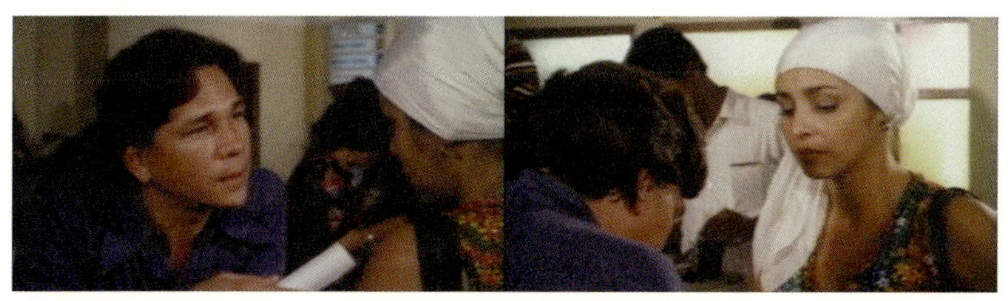

11. <떼레사의 초상>, 사회인습으로서 남성우월인식에 대한 고발적 시각

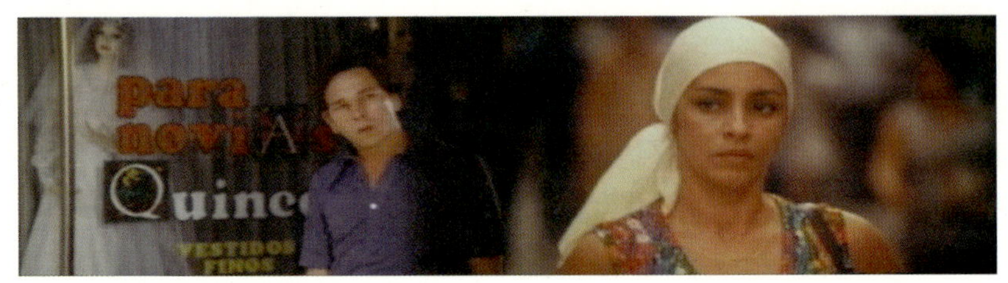

는 사회인식에 저항하려는 것이다. 그녀는 군중들 사이를 무심하게 지나친다. 노랫말이 흘러온다. '떼레사 바닥 좀 닦아'. 노랫말이 계속된다. 흥겨운 가락은 동일한 가사를 반복하며 되풀이 된다.

라몬을 뒤로 한 채, 군중들 사이를 무심코 스쳐 앞으로 나아가는 떼레사는 그저 담담하게 자신의 생각을 믿는다. 떼레사의 얼굴이 클로즈업 된다. 이제 그녀는 자기 스스로를 보며, 홀로 걷는다. 그녀의 걸음은 70년대 말, 극복해야 할 많은 편견과 인습을 고스란히 안고 있는 쿠바 사회의 여성이 걸어야 할 '발걸음'이다. 중요한 것은 그녀가 발을 떼었다는 사실에 있다. 비록 갈 길이 멀고 우회해야 하는 상황이 벌어질지라도, 지금 시점에서 중요한 것은 여성 스스로의 주체적 삶의 중요성에 대한 인식의 환기가 개시되었다는 점이다.

12.

<나는 쿠바>에 투영된
쿠바혁명의 어제와 오늘

<나는 쿠바>는 도발적인 제목이 의미하듯, 쿠바를 세상에 알리는 영화이다. 쿠바는 어떠한 나라인가. 콜럼버스나 헤밍웨이가 사랑했던 열대의 낙원 쿠바. 체 게바라와 카스트로의 혁명 이후 이상과 현실이 뒤엉킨 혼돈의 섬나라.

말레콘은 혁명과 낭만, 자유와 사랑의 이미지를 중첩한다.

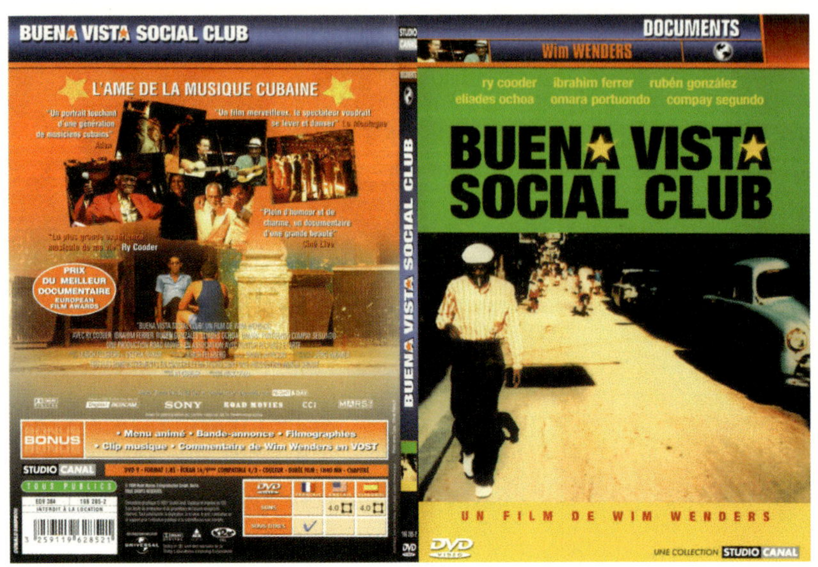

'부에나비스타 소셜 클럽'의 인기는 쿠바의 매력을 이끌어내기도 하였지만, 다양한 쿠바의 모습에 대한 접근을 방해하기도 한다.

감독인 미하일 깔라또조쁘(Mikhail Kalatozov)는 역사 속에서 변화해 온 쿠바의 모습에 관심을 둔다. 화려함 뒤에 상처를 안고 있는 쿠바의 모습을 말이다. 소지섭의 카메라 광고 배경이 된 하바나의 말레꼰 해안이나 <부에나 비스타 소셜 클럽>에서 얼핏 보았던 카리브의 리듬과 정열은 잠깐 잊어야 할지도 모르겠다.

영화 속의 '나'는 '여성의 목소리'이며, '쿠바'를 의미한다. 나=여성=쿠바인 것이다. 그녀는 과거의 상처와 아픔에 대해 이야기한다.

나는 쿠바.

콜럼버스가 이곳에 도착한 후

자신의 일기에 이렇게 나를 묘사했지요.
'내가 본 가장 아름다운 땅이라고'

고마워요, 콜럼버스.
당신이 나를 처음 보았을 때,
나는 노래하고, 웃었지요.
나는 인사를 했고,
당신이 행복을 가져다 줄 것으로 생각했습니다.

나는 쿠바.

배들이 내 설탕을 실어 나르곤 했어요.
내 눈물이 나를 적셨고.
설탕이란 참 이상하지요, 콜럼버스.
설탕에 울음을 흘려도
설탕은 달기만 하지요.

쿠바는 콜럼버스에 그러했듯, 여전히 이국적 풍경으로 연상되는 낙원의 모습으로 묘사된다. 거대한 사탕수수 농장에서 맛볼 수 있는 설탕의 달콤함 그 이상이었다.

향신료 때문에 인도 항로 개척을 위해 서쪽으로 떠났던 콜럼버스 일행은 자신들이 도착했던 카리브를 인도 서쪽 근처로 알았고, 세상은 오

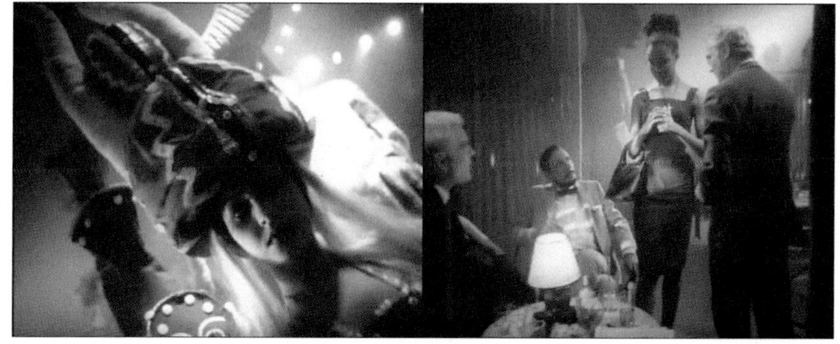

늘날까지도 카리브의 섬나라들을 서인도 제도로 부르고 있다. 도대체 인도와는 무관한데도 말이다. 게다가 '신대륙 발견'이라니. 우리 교과서에서 인용되는 이 용어는 분명 엉뚱한 표현이다. 콜럼버스(Colón) 이전에도 고도의 문명을 이루고 살며 고유 역사를 갖고 있던 아메리카 지역을 '신대륙'으로, 그리고 자신들의 행위를 '발견'이라 부르는 무지를 당연시한다.

콜럼버스로 대표되는 서구 세계와 쿠바의 만남에 대한 여인의 감상은 영화의 서론이며 배경이다. 이후 본격적인 네 편의 에피소드가 등장한다.

첫 번째 에피소드에서 혼혈인 마리아는 백인 관광객을 위해 춤을 추고, 결국 매춘까지 하게 된다. 마리아의 모습은 무기력한 채 몸을 내맡기는 쿠바이다. 백인 남성으로 표현되는 서구는 매혹적인 여인, 마리아를 원하고, 마리아는 남성의 욕망을 경제적 이익을 위해 받아들인다. 그녀가 아는 영어는 "네, 손님"과 "자기" 그리고 "돈"이 전부이다.

관광객들과 어울리던 환락가의 화려한 네온사인과 광란의 춤사위는 그녀가 살고 있던 아바나 뒷골목의 남루한 모습과 대조를 이룬다. 다음 날 아침 길을 잃고 도망치듯 골목을 구비치는 미국 손님. 빈민가의 아이들과 마주치며 당황한다.

여성의 목소리가 들려온다.

나는 쿠바.

그대는 왜 도망치나요? 그대는 즐기러 오지 않았던 가요. 즐기세요.
풍경이 즐겁지 않은 모양이군요.
시선을 피하지 마세요. 보세요.

나는 쿠바.

저는 카지노이고, 바이며, 호텔입니다.
그러나 내미는 손들과 아이들, 그리고 늙은이들 모두
저랍니다.

두 번째 에피소드는 갑자기 일터와 삶의 터전을 송두리째 잃어버린
사탕수수 농장 일꾼 뻬드로의 이야기이다. 그는 발작처럼 사탕수수밭
을 헤맨다. 막대한 자본으로 라틴아메리카 전역에서 과일 농장을 꾸려
나가던 유나이티드 후르트 회사가 땅을 매입한 것이다. 많은 소작인들

이 노동의 터전과 삶의 터전
을 잃는다. 노인도 그 가운데
하나일 뿐.

노인은 분노와 무기력에
휩싸여 사탕수수밭에 불을
놓는다. 화마가 자신을 에워
싸며 죽음을 부를 때까지. 희
망을 잃은 노인의 예고된 죽

음의 화면과 함께 선동적인 여성 발화자의 목소리가 들린다.

나는 쿠바.

야자나무 둥치에 물을 댄 것은 다름 아닌 피였으며,
주변에 움직이는 것은
바다가 아니라, 민중의 눈물이랍니다.

누가 이 피에 대답할까요?
누가 이 눈물에 대답할까요?

노인의 죽음은 억울한 희생양에 대한 관객의 공감을 유발한다.

세 번째 에피소드는 '역사적 문제는 덮을 수 없으며, 결국 뇌관이다'
라는 노랫말로 상징된다. 노천극장 화면에 비친 독재자의 모습이 서민
의 피폐한 일상과 대조된다. 분노한 일부 시민들이 화염병을 던지자 공
공뉴스 화면은 불길에 휩싸인다.

열정과 냉정 사이에 방황하던 학생 엔리께의 마음을 여는 것은 거리
의 맹인 악사가 부르는 노랫말이다.

잊을 수 없어요.
네가 나를 울게 했던 그 일을.

역사적 사건과 상처는 쉽게 잊힌다. 트라우마의 본질이 그렇다. 가해자는 사건을 덮으려 하고, 피해자는 사건의 기억을 잊으려 하기 때문이다. 잊어야 속이 편하다. 과연 그러한가.

학생들이 반정부 전단지를 만드는 현장을 경찰이 닥쳐든다. 경찰들을 뿌리치고 한 학생이 전단을 밖으로 뿌리며 외친다. "자유 만세. 혁명 만세. … 폭군에게 죽음을" 사람들을 향해 울리는 총성. 흩어지는 총성 위로 소리 없이 전단지가 바람에 날리며 거리로 내려앉는다.

격앙된 시민들의 '혁명 만세' 소리가 높아진다. 시민들의 데모와 진압군이 발포한 총성이 거리를 메운다. 상황은 돌이킬 수 없는 국면을 맞이한다.

비둘기가 떨어지고, 엔리께는 비둘기를 손에 안고 전진한다. 들려오는 총성. 그리고 죽은 엔리께를 어깨에 둘러매고 소수의 군중이 나선다. 성당의 종소리와 시신에 던져지는 꽃. 장엄한 음악이 흐른다.

깔라또조쁘 감독에게 역사적 배경과 세부 묘사는 불필요하다. 그는 대

고야가 그린 '몽끌로아의 학살'은 무력 앞에 도열하여 목숨을 담보로 자유를 갈망하고 선언하는 민중의 무기력한 모습에 대한 헌정이다.

조를 통해 상황을 단순화하고 역사적 사건을 재해석한다. 사건의 배경은 의미를 상실한다. 이러한 선동적 태도는 감독의 장점이자 한계이다.

　마지막 에피소드는 혁명을 당연한 결과로 결론짓는 장이다. 이야기는 총을 들고 바다를 경계하는 투사들의 모습이 나타난다. 갑작스런 총성과 불빛이 일군의 무장한 사람들을 겨냥한다. 쿠바의 혁명을 꿈꾸던 어설픈 혁명군들이다. 어지럽게 뒤섞이는 불빛과 사람들의 아우성 소리가 화면을 어지럽게 채운다. 어느 순간, 프란시스꼬 고야의 '몽끌로아의 총살' 장면처럼 총구를 겨누는 병사들의 기계적인 모습과 처형을 맞이하는 포로들의 모습이 대조된다. 어둠 속에서 모습을 드러내는 혁명군의 행색은 초라하지만 당당하다.

　장면은 바뀌어 방아를 찧고 있는 여인과 곁에 있는 네 아이들, 그리고 당나귀에 나무를 해오는 농부의 평화로운 모습이 보인다. 서정적이고 낭만적인 장면이다. 리얼리즘의 시각에서는 디테일이 부족하지만, 격정적인 변화와 위기를 위한 장치이다. 소시민적 행복과 일상적 기쁨은 공습으로 집과 가족을 잃게 되면서 농부의 삶의 태도를 바꾼다.

　총을 들고 나서는 농부, 마리아노의 모습이 비춰지며, 다시 여성의 목소리가 들려온다.

　　나는 쿠바

　　그대의 손은 씨를 뿌리기 위해 만들어졌지요,
　　마리아노.

그러나 지금 그대는 손에 총을 쥐고 있네요.

쏘아요,
죽이기 위해서는 아니에요.

쏘아요,
당신의 과거를 향해.

쏘아요,
당신의 미래를 지키기 위해.

마리아노가 자신의 과거를 향해 쏘는 행위는 분명, 수탈과 억압의 지난 역사의 상처에 대한 보상을 의미한다. 행진곡과 함께 네 개의 에피소드로 구성된 2시간 14분의 긴 영화는 끝을 맺는다.

처음 두 에피소드는 역사적으로 스페인과 미국에 의해 차례로 경제적 수탈을 경험하는 피해자의 입장이다. 쿠바가 경험한 역사적 트라우마에 대한 회상에 집중한다. 세 번째 에피소드는 인식 전환의 장이다. 폭력의 피해자가 스스로의 상태에 대한 각인을 하며, 삶의 방향성을 깨닫는 주제이다. 마지막 에피소드는 유혈 혁명의 정당성을 합리화한다. 감독이 숭앙했던 쿠바혁명의 정신이 본래적 의미의 성과를 거두고 있는가? 쿠바정부는 '혁명은 여전히 진행 중'이라 대답한다. 감독이 가슴

체 게바라와 피델 카스트로의 모습

을 칠 노릇이다. 과연 이상과 현실은 일정한 괴리를 가질 수밖에 없는 모양이다.

깔라또조쁘의 <나는 쿠바>는 과연 고전 작품이다. 그의 대조와 강조, 점층 기법들은 다큐멘터리 형식의 극영화 장르에 일획을 긋는다. 그러나 영화에 대한 아쉬움은 쿠바인들이 겪었던 피식민의 트라우마에 대한 접근이 쿠바 혁명으로 연결되어야 하는 과장됨이다. 서구의 역사 해석을 비판하며, 각을 세웠지만, 쿠바의 목소리를 이끌어내고, 담아내는 의도가 탈종속과 혁명의 선동에 묻혀 쿠바를 그린다.

<나는 쿠바>의 장점은 식민지의 오랜 고통과 상처, 강대국에 의한 경제적 착취의 아픔을 기억하고 자신들의 잃어버린 역사를 스스로 새로 쓰겠다는 의도에 있다. 하지만, 영화는 냉전의 이념 전쟁을 넘어서기에는 힘겨워 보인다.

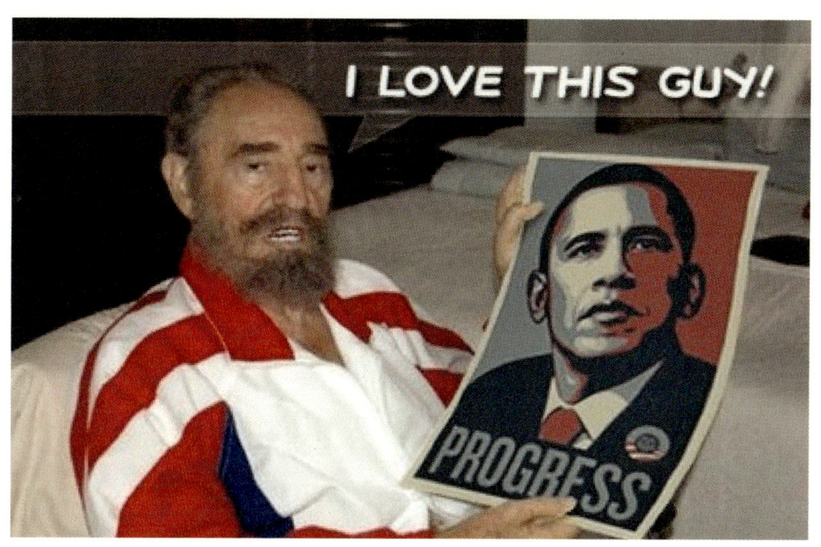

실권에서 물러난 만년의 카스트로는 미국과의 화해 무드를 도모했다.

깔라또조쁘 감독은 <나는 쿠바>를 통해 제3세계의 수탈된 역사와 피식민의 트라우마에 대한 인상적인 서술에 성공한 것으로 평가 받는다. 이는 쿠바의 구체적 역사성을 배경으로 이후 라틴아메리카 신영화 운동에 모범적 사례로 손꼽히게 된다. 그러나 그의 성공은 여전히 서구적 시선에 의한 혁명의 당위성과 합리화에 의존하고 있는 측면이 많다. 서구 자본에서 소련 자본으로 대체된 사회경제 체제의 구조를 벗어나지 못한 채 '고발'은 하고 있지만, '제안'은 하지 못하고 있는 것이다. 미국으로 대표되는 서구 자본주의 세력의 독점을 사회주의적 시각으로 견제하는 소련으로 대체되는 경향이 크기 때문이다. 소련이 제공할 수 있는 혁명의 당위성과 민중의 봉기에 의한 새로운 질서의 구현이라는 등식 또한 '균질화된 시각'을 벗어나지 못하는 또 다른 거대 시각일 수 있는 것이다.

서구 제국주의를 형성하는 거대 세력과 그를 옹호하는 인식론의 입장에서 식민주의 체제는 이러한 균질화된 시각의 무차별적인 적용에 그 폐해가 있다고 판단되기 때문에 비균질적 세계관에 대한 현실적인 수용을 위한 대안적 시각이 요구된다. 영화의 경우, 세계를 지배하고 있는 영화 문법과 영화 산업 전반의 틀은 할리우드가 지배하는 이러한 균질화된 시각이 군림하는 현실 속에서 파악되어야 하는데, 제3세계 혹은 제3의 영화가 대안으로 제시하는 이른바 대안 영화의 몫은 매우 중요하다.

세계화의 개념과 함께 '균질화 작업(homogenization)'이 지속적으로 진행되고 있는 상황에서, 대안적 영화의 가치 개념을 강화시킬 수 있는 자율적이고 내재적 능력을 생각한다면, 깔라또조쁘가 제작한 <나는 쿠바>는 분명 대안적 시각을 제시하고 있는 것은 사실이다. 구체적으로, 첫째 거대 자본에 종속된 제작과 유통 및 보급의 시스템 대신 쿠바영화예술산업기구라는 국가 기구의 지원을 받음으로서 서구 자본 시스템이 제시하는 균질화된 시각으로부터 일정 부분 자유로울 수 있다는 점이다. 물론, 이러한 국가 통제 기구의 지원을 받는 것이 바로 족쇄가 될 수 있다는 점은 장점이면서, 동시에 단점이 될 수 있는 한계를 지닌다. 둘째, 실험성이 강한 네 편의 에피소드를 통해 쿠바 혁명을 둘러싼 역사적 사건의 재현을 전통적 영화 문법과 차별되는 시각에서 접근함으로써 관객의 인식을 환기하고 전환하는 기능적 효율성을 지닌다. 셋째, 네오리얼리즘 영화가 제시하고 호평을 받았던 요소들, 특히 스타 시스템을 벗어나서 비전문 배우들이 사실이나 역사성을 배경으로 일상적인 세팅에서 다큐멘터리 서술시각을 제시함으로써, 현실과 유리되는 비현실의 공간에 영화의 주제가 머무르지 않는 시각을 제시한다는 장점을 지닌다.

  라틴아메리카 운동의 장점은 할리우드 영화로 대표되는 서구 자본 시스템이 추구하는 균질화 과정을 벗어나 비균질의 시각을 내재적이고 자율적인 시각에서 제시한다는 차원에서 찾을 수 있는 것이다. 이러한 시각에서 깔라또조쁘 감독은 분명 비균질의 시각을 제시한 측면은 있으나, 쿠바의 혁명성이라는 정신적 요소에 집중하는 과정에서 첫째, 쿠바의 문제를 내재적이고 자율적인 시각에서 대안적 모델을 제시하지 못한 채 러시아 혁명과 같은 외재적 요소를 모델로 제시하는 듯한 한계를 지닌다. 쿠바인들의 자율적이고 평화적인 대안적 선택에 대한 논의는 이후 탈종속에서 대체종속으로 이어지며, 아직도 혁명은 진행 중이라는 쿠바 정부의 민중을 위한 진정성에 수많은 의문을 남기게 된다.

쿠바인들의 외형적 일상에서 수탈의 역사적 트라우마는 내재되어 있다.

깔라또조쁘 감독이 다시 <나는 쿠바 2>라도 찍어야 할 상황이다.

획일적인 세계 질서의 구도에서 소국이 선택할 수 있는 대안적 가능성이 타율적일 뿐 아니라, 자주와 자립을 위한 대안적 고뇌가 공백으로 처리되고 있다. 분명한 것은 수탈된 역사의 과정과 그에 따른 고착화된 시스템은 역사적 실체이라는 점이다. 하지만, 과연 라틴아메리카가 선택할 수 있는 자주적이고 자율적인 대안이 무엇인지에 대한 고민과 논의는 결실을 찾지 못한 채 여전히 계속되고 있다.

콜럼버스가 쿠바를 방문하고, 그를 기록하면서 비로소 쿠바인들의 '이야기'가 시작된 것이 아니라, 그 훨씬 이전부터 그들의 '이야기'는 다양한 방식의 표현으로 기록되어 왔으며, 비록 서구 중심의 보편적 가치에 의한 '기록'이 아닐지라도, 그들에게는 분명 자신들의 이야기가 있어왔으며, 쿠바의 원주민이건 정착민이건 그들 삶의 이야기를 그들 스스로가 느끼고, 생각하고, 의미를 되새길 때 참다운 의미가 구현될 수 있는 것이기에, 마치 '역사 없는 이'들에게 형이상학적 이념과 이상으로 무장하여 무엇을 제시하는 것으로 생각해서는 옳지 않을 것이다.

그러므로, 깔라또조쁘 감독의 공과는 수탈된 주체로서 쿠바의 역사와 그들 삶의 애환을 기록하고, 나름의 혁신적 변화에 직면할 수밖에 없었던 당위성을 새로운 영화 환경에서 기획하고 제작하여, 유통하고 보급할 뿐 아니라, 제작 과정에서도 새로운 문법적 접근시각을 적용하고 있음 그 이상을 넘어서기에는 한계를 지니는 것이 아닌가, 판단된다. 결국, '지역적'이고 '개별적'이라는 상황에 '보편적'이고 '이념적'인 개념을 적용하려는 '균질화 작업'에 대한 우려가 깔라또조쁘의 <나는 쿠바>에서 발견되는 아쉬움이 있다.

<나는 쿠바>의 성과는 실로 긍정적이며, 라틴아메리카 신영화의 대

표작으로 세계 영화산업의 성과물 가운데 손꼽을 수 있는 고전 작품이다. 그러나 여전히 영화에 대한 아쉬움이 남는 것은 쿠바인들이 겪었던 피식민의 트라우마에 대한 내재적 인식의 부족과 치유적 접근을 위한 고뇌가 도식적이고 사념적인 접근으로 대체되고 있다는 점이다. 서구의 역사 해석의 시각을 비판하며, 각을 세웠지만, 구도적 측면에서 쿠바의 목소리를 이끌어내고, 담아내려는 의도가 탈종속과 혁명의 선동적 의도에 묻혀 쿠바를 그리고 있되, 진정한 쿠바의 목소리가 제대로 들리지 않는 한계를 지니고 있는 것이다. 트라우마에 대한 접근은 자극하고, 강조하는 데에서 벗어나서 상처를 어루만지고, 이해하며, 상흔을 안고 있는 환자의 이야기를 인내를 갖고 기다리며, 내적 평화의 가능성을 열어줘야 하는 데에서 찾을 수 있다. 이것이 트라우마를 치료하는 치료자로서 영화인에게 주어진 역할일 것이다.

13.
일상적 삶의 무게로부터
자유로움을 꿈꾸는 영화,
<인생은 휘파람>

삶은 그 무게만큼이나 무거워 경쾌함을 따르기 힘들다. 휘파람처럼 경쾌한 삶을 제목으로 단 <인생은 휘파람>은 현재 쿠바인들이 자신들이 지니고 있는 트라우마를 감당하고 극복하여 소통을 향해 나갈 수 있는 가능성을 은유적으로 그려낸다.

영화는 "내가 속한 계층에서는 휘파람을 부는 것이 허용되지 않는다."는 내레이션으로 시작된다. 휘파람을 불 수 있는 특별한 계층이 있

다는 말인가. 이러한 시작은 영화의 무대가 쿠바 수도, 아바나라는 사실과 연결되면서, 영화의 주제가 이념적 사고와 사회 통제를 다룰 것 같은 선입견을 유도한다. 분명한 것은 영화가 서정적이라는 사실이다. 쿠바 사회에 대한 편견에서 벗어난다면, 영화 읽기는 보다 쉬워질 수 있을 것이다.

'인생이란 당신이 다른 것을 하느라 바쁜 동안 일어나는 그런 것'이라는 존 레논의 인용된 말은 삶의 진정한 의미를 찾는다는 데에 영화의 주제가 있음을 드러낸다.

영화는 음악적이다. 아니, 음악이라기보다는 포괄적 의미에서 '소리'로 표현해야 옳을 것이다. 쿠바의 한 고아원에 십자가 목걸이를 걸고 있는 아기가 도착한다. 아이들은 Bebé(아기)란 이름을 붙여주었고, 아기는 그렇게 불린다. 문제는 아기가 자라면서 좀처럼 말을 하지 않으려는 데에 있다. 말 대신 휘파람 소리를 내는 것이다. 사회제도와 장치가 베베를 그대로 내버려둘 수는 없다. "휘파람을 불어서는 안 돼, 말을 해야지."

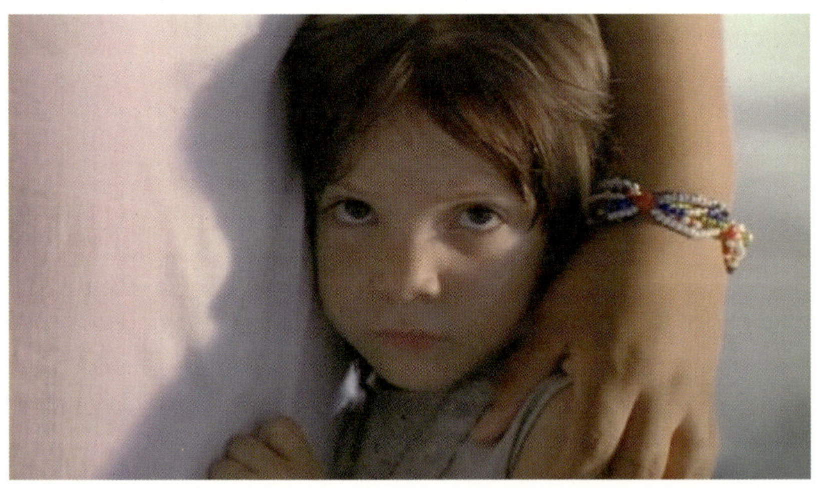

집단 사회 조직은 개인의 언어적 선택권을 허용하지 않는다. 사람은 말을 해야 하고, 소통을 이뤄야 하는 것이다. 하지만, 이는 개인의 삶을 위한 것이라기보다는 집단 사회 조직의 운영 주체의 입장이라는 점이다.

영화의 행위를 조절하고 이끌어가는 나레이터는 소녀이다. 그녀의 독백이다. "나는 혼자다. 그러나 조화롭게 나는 혼자이다." 파도가 부서지는 말레콘 해안에서 그녀의 독백은 계속된다. "나는 행복하다. 그래서 나처럼 행복해졌으면 하는 세 사람을 찾을 것이다."

영화에는 나레이터 소녀와 세 사람의 관계가 부각되지 않는다. 어떠한 선택 기준인지, 소녀와는 무슨 관계인지 중요하지 않은 듯 세부가 생략된 채 묘사된다. 세 사람은 엘삐디오와 마리아나, 그리고 훌리아이다.

훌리아는 시도 때도 없이 터져 나오는 '하품' 장애를 지니고 있다. 그녀는 하품 틱 장애 이외에 특정한 단어를 들으면 의식을 잃는 문제를 갖고 있다. '섹스'라는 말에 그녀의 뇌는 기능을 멈추고 어휘와 관련된 의식 작용을 멈춘다. 그녀의 트라우마의 본질이다.

발레 무용수인 마리아나는 자신을 포함한 무용수들의 몸놀림에 섬세한 매력을 느낀다. 그녀에게 몸의 언어는 적나라하다. 심지어 사람들의 걸음걸이에서도 벌거벗은 육체의 움직임을 감지한다. 육감적인 대상에 몰입하는 그녀의 습관은 자신의 트라우마와 관련된다.

엘뻬디오는 어린 시절 엄마로부터 버림을 받은 이후 방황하는 삶을 살아간다. 흑백 사진으로 남은 엄마에 대한 그리움은 그의 집착이 되고, 버림받은 삶이란 인식은 그의 트라우마이다. 그는 그리움을 문신으로 남긴다. "어머니의 사랑과 견줄 것은 없다".

마리아나는 흑인 남성과의 육체적 탐닉으로 늦게 공연장에 도착한다. 공연을 관람하는 훌리아, 하품을 멈추지 못한다. 공연 후 택시를 타고 집을 향하던 중 자신을 알아보는 택시기사와 잡담을 나누다 '섹스'란 단어를 듣고 기절하고 만다. 한편 말레콘 방파제에 누워 있던 엘뻬

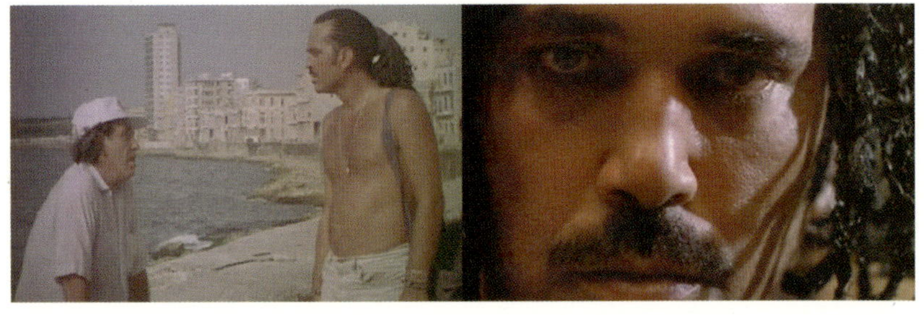

디오는 하늘에서 떨어진 지갑을 습득한다. 다음 날 연락을 받고 여인이 그를 찾아온다. 그녀는 그린피스 회원이다. 엘삐디오와 그린피스 여인은 사랑에 빠진다. 불같은 정열적 사랑이다.

세 사람의 주인공들이 주목하는 것은 모두 섹스로 귀결된다. 마리아나와 엘삐디오가 열정적 사랑에 빠진다면, 훌리아는 섹스라는 말조차 두려워한다. 세 사람 모두는 심리적으로 섹스의 동기와 결과에 관련되어 있다. 훌리아는 우연히 택시를 합승했던 정신과 의사의 도움을 받기 시작한다. 하지만, 일상에서 확실한 에너지 충전을 위해 뭔가 불충분한 그녀의 상태가 강박관념에 대한 종속적 상태 때문이라는 사실을 인정하기까지는 어려움이 따른다.

그린피스 여인은 엘삐디오를 태우고 하늘로 나른다. 공중에서 어지러움을 느끼는 엘삐디오, 그는 여인을 통해 모성을 느끼고, 그의 정서

는 음악적인 이미지로 다가온다. 지젤 선발을 앞둔 마리아나는 성당에 들어가 기도를 한다.

남자들과의 잠자리는 그녀의 정서적 불안과 부성에 대한 결핍으로부터 비롯되었음이 드러난다. 그녀는 지젤 역할을 위해서 자신이 가장 어려워하는 남자들과의 잠자리를 포기하기로 기도한다.

세 사람의 고민은 상이하게 등장하지만, 화자의 안내에 따라 관객에게 노출되는 그들의 일상은 각자가 지닌 현실적인 불편함이나 장애가 과거의 트라우마와 밀접하게 연결되어 있으며, 이는 영화가 진행되면서 점차 하나의 공통적 요소에 접근하기에 이른다.

영화의 주제와 메시지를 전달하고 전개해 나가는 장치로서 '행위'는 세 개의 에피소드처럼 보이는 이야기들에 단편처럼 존재하는 상이한 요소에서 동일한 공감을 찾아가도록 관객들을 유도하는 데에 있다.

정신과 의사는 훌리아가 '섹스'라는 단어에 기절하는 이유를 분석한 뒤, 그녀가 자신의 트라우마의 원인과 직면하기를 거부한다면 치유는 불가능하다는 사실을 인지시키려 노력한다. 지젤 역할을 맡게 된 마리아나는 발레리노 이스마엘과의 사랑을 의도적으로 거부하려는 노력으로 힘겹다. "삶의 새로운 장"을 알게 된 엘삐디오 또한 그린피스 여인과 헤어져야 한다는 사실에 심리적인 동요를 겪는다.

영화가 진행되면서 처음에는 막연하게 얽힌 실타래 같던 행위는 점차 기본적인 방향을 잡아간다. 세 사람 모두 억압의 원인이 무엇이든, 사람을 행복하게 할 수 있도록 그 억압의 원인으로부터 자유로워져야 한다는 메시지가 조금씩 명확해지는 것이다.

훌리아의 장애의 원인은 20년 전 예기치 못했던 출산과 태어난 아기를 버렸다는 죄의식에 그 뿌리가 있었다. 죄의식으로부터 벗어나려는 훌리아에게 진실과 만나는 작업, 즉 트라우마의 실체와 직면하는 과정은 치유의 본질이다. 하지만, 훌리아는 멈칫거린다. 진실과의 대면, 과연 무엇이 진실인 것일까. 진실을 규정하는 시각과 판단기준은 무엇인가. 무엇으로 판단하고, 이름 지을 것인가.

마리아나와 엘뻬디오, 훌리아 모두 본질적인 변화에 대한 두려움을 인정하면서, 자신들의 트라우마에 접근하게 된다. 그들은 내면의 자연스러운 욕망에 귀 기울이며, 욕망에 대한 판단과 정의와는 무관하게 다양한 접근과 해결모색방안을 찾아간다.

진정한 사랑의 느낌과 욕망을 구분하지 않으려는 갈등 상황에서 힘겨워하는 마리아나에게 그녀의 사랑, 이스마엘이 던지는 말이다. "마리아나, 당신은 자유에요". 자유로움은 성당에서 신에게 맹세했던 약속에 얽매이지 말라는 의미이기도 하지만, 그녀 자신을 조이고 있는 억압과 강박으로부터 벗어나야, 진정 자유롭게 내면의 행복에 접근할 수 있으

리라는 조언이다. "나 역시 아
버지를 알지 못해요"라는 그
의 말에서 사회질서이념의 혼
란과 부재라는 쿠바의 시대적
상황에 대한 은유적 표현이
구체화된다. 부연하자면, 가부
장제적 서구 중심주의 사고로

서 종교·정치·체제와 관계된 통문화적 가치개념으로 확장될 수 있을 것
이다.

딸을 유기했다는 죄의식에 대한 보상심리로 양로원에서 장기 근무했
던 훌리아는 자신의 트라우마의 원인을 연상시키는 '섹스'라는 단어에
강박적 기피를 했던 것이고, 또한 유기되었던 딸, 마리아나가 겪었던 자
유분방한 섹스의 행위 또한 유기된 채 고아로 성장할 수밖에 없었던 자
신의 정체성에 대한 자학적 행위에 다름이 아니었던 것이다. 엘뻬디오의
방관적인 삶의 태도 또한 어린 시절 자신을 버렸던 어머니에 대한 그리
움과 적개심의 뒤엉킨 의식에 뿌리를 두고 있었던 것이다.

트라우마와의 직면은 어려운 일이다. 자신의 문제점을 응시하고, 그
원인적 문제 요소를 직시한다는 것은 괴롭고 힘겨운 과정이다. 그린피
스 여인이 엘뻬디오에게 들려
주는 말이다. "밤이 어두울수
록, 새벽이 가까이 왔음을 알
리는 의미이다"는 말은 트라
우마와의 직면 과정에서 가장
힘겨운 순간을 맞이해야 극복

의 가능성과 만날 수 있음을 시사한다.

세 사람의 가족 관계는 불분명하다. 영화는 구체적인 그들의 관계를 밝히는 서술 과정을 생략한다. 상징적이고 은유적인 구도로 많은 관계의 틀을 암시적인 수준으로 묶어 둔다. 세부는 생략된 채 모호한 실체와 뒤엉킨다. 물론, 그들의 관계는 추상적이거나 형이상학적인 이념화에 목적을 둔 것이 아니라, 다양한 관계망에 대한 접근의 가능성을 열어두기 위한 장치일 뿐이다.

훌리아와 마리아나, 엘삐디오 모두 진실과의 만남, 자신의 상처와의 직면이라는 힘든 과정을 수용해야 하는 상황에서 '자발적' 선택을 한다. 이들이 자신들의 삶을 돌이켜보고 과거를 현 시점에서 살펴보며, 상처를 주었던 요인과 화해를 준비한다는 태도는 단순하게 역사를 인정한다는 의미를 넘어서서, 과거를 재구성하고 해석할 수 있음으로써 과거와 진정한 화해를 도모한다는 접근을 의미한다.

성녀 바르바라 축일인 12월 4일 예언처럼 자신들의 주변에서 들려오

는 약속된 시간이 다가오자, 반신반의하던 이들 세 주인공들은 혁명 광장으로 발길을 돌린다. 저마다 일상적 시간의 흐름을 거슬러 과거의 사건에서 멈춰버린 트라우마의

원인과의 힘겨운 직면의 순간을 스스로가 맞이하기 위해 발걸음을 뗀다. 장소와 시간의 구체성은 특별한 의미를 상징한다. 구태여, 혁명 광장인 것은 가부장제적 이미지로서 아버지의 부재와 문화심리적 연대의 고리인 어머니와의 만남과 관계회복이라는 관계망에서 조망이 가능하다.

동정 순교자인 성녀 바르바라가 동정을 지키기 위해 순교를 맞이하는 에피소드는 성적 순결성으로부터 대척점에 놓여있는 세 사람들의 위상과 대조된다. 그런데 왜 12월 4일인가. 주어진 윤리의식과 질서의식의 틀에서는 주변부의 인물이며, 건전한 사회의 윤리적 모델과는 거리가 먼 세 사람들이 아닌가.

"아무도 완전하지는 않지."

기존의 의식구조 형태를 벗어나, 불필요한 죄의식과 자기비하라는 강박으로부터 자유로울 수는 없는 것인가. 혁명 광장은 성녀 바르바라의 날, 성스러운 공간의 특별한 시간의 의미로 변화된다. 선남선녀가 불필요한 죄의식과 자기비하에서 벗어나 자유롭고 행복한 삶을 위해 당당하게 걸어 나갈 수 있는 사회문화적 가치의 울타리가 가능해지는 전환이 이뤄진다.

영화는 사회주의 혁명으로서 쿠바혁명을 얘기하지는 않는다. 다만, 역사의 재구성과 화해에 기초를 둔, 그러나 일상적 삶의 문화적 가치구조에 있어서 아비투스에 나타나는 부정적 인습의 요소들을 정서심리적 측면에서 극복하고 변화를 꿈꾸는 사회의 필요성을 얘기한다. 영화의 주제는 정치사회적인 이념에 주목하지 않는다. 일상적 삶에서 소시민적 자유와 행복에 바탕을 둔 변화에 초점을 맞추고 있다. 중요한 것은 '이념'과 '가치'의 논쟁이 과정으로 부각되는 것이 아니라, 사소하지만 본질적인 가치들, 예를 들어, 가족에 대한 그리움과 사랑하는 사람에 대한 소중한 인식 등과 같은 자각인 것이다.

최소한 인간의 자유로운 삶을 억압하고 강박의식으로 힘겹게 만드는 의식과 질서개념을 인습적인 타파의 대상으로 사고의 전환을 얘기하려는 것이다. 삶은 무겁고 힘겨운 것이 아니라, 자유롭고 경쾌한 휘파람과 같은 가벼움이어야 하는 것은 아닐까. 그것이 감독의 의도일 것이다.

물론, 죄책감과 무력함의 상징적 존재인 훌리아의 이름은 엘뻬디오에게는 '쿠바'이다. 이때의 쿠바는 부재하는 부성을 대체하는 새로운 이미지로 등장하며, 오랫동안 지배이념의 주된 정체였던 서구중심의 지배 이미지로 체화된다. 정치적 상징성으로의 개연성은 은유적 장치에 머문다. 세 사람이 만나는 혁명 광장은 새로운 변화의 시작을 상징한다.

내레이터가 등장하여 읊조린다. "2020년 모든 아바나 시민들은 행복하게 살 것이다." 그녀가 미래로부터 들었다는 말이다. "비밀은 휘파람이다." 삶을 무겁게 짓누르는 지배이념에서 해방되어 소시민적 가치가 보장되는 삶의 방향성을 인정하고 수용하는 태도가 곧 경직된 사회의 종속적 구조가 아닌, 다양한 가치가 보장되는 수평적 구조임을 영화는

휘파람으로 표현한다.

영화는 로테르담 국제영화제 Hubert Bals 기금의 지원으로 제작되었으며, 선덴스 영화제와 일본 국제 NHK에 의해 우수 각본으로 선정되었다.

엔딩 직전 마지막 대사다. "왜냐하면, 삶은 휘파람, 휘파람, 휘파람이기 때문이지요."

사랑하는 그이의 달콤한 속삭임과 존재는 내게 인생이 장밋빛으로 보게 만드네요. 엔딩 음악인 La vie en Rose의 주제이다. 삶은 노랫말처럼 무겁고 진지해야 하는 것이 아니라, 가볍고 경쾌하여 스스로의 무게에 짓눌리지 않아야 하는 것은 아닐까. 뜨거운 가슴과 열정으로 들뜬 듯 날아오르는 삶의 경쾌함과 짜릿함, 그것을 짓누르는 어떠한 강박과 무게도 일상으로부터 삶을 가라앉힐 권리는 없는 것이 아닐까.

영화자료 목록

<나는 쿠바>

제작연도	1964
감독	미하일 깔라또조쁘 Mikhail Kalatozov
제작	소련/쿠바 합작 Mosfilm/Instituto Cubano del Arte e Industrias Cinematográficos(ICAIC)
배경 및 특징	스페인을 중심으로 서구 식민시대의 수탈에서 독립 이후 친미정권의 독재에 따른 수탈의 고착된 구조까지 혁명의 당위성을 피력하기 위한 논거로서 제시 네 가지의 에피소드를 중심으로 구성되는 서술구조를 지닌다.
런닝타임	141분
사운드	모노
색상	흑백
화면비율	1.37:1
언어	스페인어

<비밀의 눈동자>

제작연도	2009
감독	후안 호세 깜빠넬라 Juan José Campanella
제작	아르헨티나/스페인 합작 Tornasol Films/Haddock Films
배경 및 특징	2009년 시점에서 25년 전 여성 강간 살인 사건의 미제 사건을 회고하는 전직 검사보가 사건을 재구성하면서, 아르헨티나가 정부가 민주화운동을 하던 사람들을 대상으로 벌였던 '더러운 전쟁' 당시 실종되었던 사람들의 이야기와 사랑을 이루지 못했던 검사보와 여검사의 로맨스가 이중적 시선으로 교차되는 서술적 특징을 지닌다.
런닝타임	129분
사운드	돌비 디지털
색상	컬러
화면비율	2.35:1
언어	스페인어

<달콤 쌉싸름한 초콜릿>

제작연도	1992년
감독	알폰소 아라우 Alfonso Arau
제작	멕시코 Arau Films Internacional/Aviacsa/Cinevista
배경 및 특징	라우라 에스끼벨의 소설을 영화화한 작품이다. 멕시코 혁명의 역사적 배경에서 보수적인 가정에서 엄마를 모셔야 하는 인습의 희생양인 띠따와 그를 사랑하는 뻬드로의 운명적인 사랑의 이야기이다. 음식과 사랑, 운명이 격동기 멕시코의 전환기적 패러다임 속에서 펼쳐지는 서사적 구조를 지닌다.
런닝타임	105분
사운드	돌비
색상	컬러
화면비율	1.85:1
언어	스페인어 / 영어

<떼레사의 초상>

제작연도	1979년
감독	빠스또르 베가 Pastor Vega
제작	쿠바 IDP/Instituto Cubano del Arte e Industrias Cinematográficos(ICAIC)
배경 및 특징	정치 구호로서 쿠바 혁명이 일상에서 본질적 의미로 수용되기 위해서 요구되는 가정과 직장, 사회에서 여인들의 역할과 그에 대한 인식의 변화를 패미니즘적 시각에서 서술 방식이 돋보인다.
런닝타임	103분
사운드	모노
색상	컬러
언어	스페인어

<모터싸이클 다이어리>

제작연도	2004
감독	월터 살레스 Walter Salles
제작	아르헨티나/미국/칠레/페루/브라질/영국/독일/프랑스 합작 FilmFour/ South Fork Pictures/ Tu Vas Voir Productions/ BD Cine/ Inca Films S.A./ Sahara Films/ Senator Film Producktion/ Sound for Film
배경 및 특징	에르네스또 '체' 게바라(Ernesto 'Che' Guevara)와 알베르또 그라나도(Alberto Granado)의 일기에 기초하여 제작된 작품으로서 라틴아메리카 종단 여행을 하면서 체 게바라가 하나의 통합된 라틴아메리카를 꿈꾸게 되는 일종의 로드 무비적 성격을 지닌다. 혁명가 체 게바라의 모습과는 사뭇 다른 청년 게바라의 모습을 담고 있다.
런닝타임	126분
사운드	돌비 디지털
색상	흑백/ 컬러
화면비율	1.85:1
언어	스페인어/ 께추아어/ 마뿌둔군어

<바벨>

제작연도	2006
감독	알레한드로 곤살레스 이냐리뚜 Alejandro González Iñarritu
제작	프랑스/미국/멕시코 Paramount Pictures/Paramount Vantage/Anonymous Content/Zeta Film/Central Films/Media Rights Capital
배경 및 특징	네 개로 구성된 별개의 에피소드가 하나의 우발적인 사건과 연결되어 전체 영화를 구성하는 형식을 통해 인류와 세계에 대한 현대인들의 의식이 서로 다르지 않음을 드러낸다. 멕시코와 미국, 일본과 모로코에서 동시다발적으로 벌어지는 일련의 사건들이 지닌 개연성은 필연적인 결과로 연결된다. 영화는 바벨의 표상처럼 다양한 언어로 나뉘어 있는 인간 삶의 방식에 대한 열린 토론과 해석의 공간을 제공한다.
런닝타임	143분
사운드	돌비 디지털
색상	컬러
화면비율	1.85:1
언어	영어/ 아랍어/ 스페인어/ 일본어/ 베르베르어

제작연도	1993
감독	빌 어거스트 Bille August
제작	포르투갈/독일/덴마크/미국 Costa do Castelo Filmes/Det Danske Filminstitut/Eurimages/House of Spirits Film/Neue Constantin Film/Spring Creek Productions
배경 및 특징	이사벨 아옌데의 소설을 토대로 제작된 영화로서 아옌데와 어거스트가 공동 시나리오 작업을 수행하였다. 20세기 후반 칠레의 격변과정을 배경으로 한 집안의 이야기를 그리고 있으며, 역사적 격변기를 여성중심적 시점에서 묘사하여, 과거사에 대한 미시사적 접근의 가능성을 열어준다.
런닝타임	140분
사운드	돌비
색상	컬러
화면비율	2.35:1
언어	영어/ 스페인어

<은총이 가득한 마리아>

제작연도	2004
감독	조슈아 마스톤 Joshua Marston
제작	콜롬비아/미국/에콰도르 HBO Films/Fine Line Features/Journeyman Pictures/Proyecto Tucan/Alter-Ciné/Santa Fe Productions
배경 및 특징	마약의 최대 수출국이라는 오명을 지닌 콜롬비아는 마약 운반으로 목돈을 마련하려는 이들 때문에 골머리를 앓고 있다. United Fruit 회사로 대표되는 수탈의 긴 역사는 마약을 둘러싼 미국과 중남미 사이의 지루한 싸움으로 새로운 이야기를 마주하게 된다.
런닝타임	101분
사운드	돌비 디지털
색상	컬러
화면비율	1.85:1
언어	스페인어/ 영어

제작연도	1998년
감독	페르난도 뻬레스 Fernando Pérez
제작	쿠바/스페인 Instituto Cubano del Arte e Industrias Cinematográficos(ICAIC)/Wanda Films/Wanda Visión S.A.
배경 및 특징	인생의 의미에 대한 철학적 성찰을 명제로 제작된 영화로서 삶의 진정한 본질적 변화를 아버지의 권위와 어머니의 사랑이라는 대별적 이념을 중심으로 구성한다. 가부장제적 사회의 권위 의식과 질서의식은 종속적 구도에서 이해될 수 있으며, 일상적 삶의 강박의 원인이 되기도 하지만, 탈가부장제적 사회의식으로서 어머니에 대한 그리움과 사랑은 대안적 사회의식으로서 수평적 차원에서 삶의 무게를 줄여주는 개연적 가능성으로 해석한다. 인생은 휘파람처럼 경쾌하고 가벼워서 일상적 삶의 행복을 체감하는 데에서 출발해야 하는 것은 아닌지 이야기 한다.
런닝타임	106분
사운드	돌비
색상	컬러
화면비율	1.85:1
언어	스페인어

제작연도	1968
감독	또마스 구띠에레스 알레아 Tomás Gutiérrez Alea
제작	쿠바 Cuban State Film/Instituto Cubano del Arte e Industrias Cinematográficos(ICAIC)
배경 및 특징	에드문도 데스노에스의 동명 소설을 영화화한 작품이다. 68년 당시 세계의 양 강대국이었던 소련과 미국의 냉전 상황에서 쿠바 미사일 위기를 둘러싸고 쿠바의 암울하고 불안정한 현재와 미래를 성찰적으로 전망한다. 친소나 반미를 배제한 채 오히려 쿠바인들의 자기성찰을 위한 인식의 필요성에 대한 환기가 주된 목적이며, 모티브로 구성된다.
런닝타임	97분
사운드	모노
색상	흑백
화면비율	1.66:1
언어	스페인어

제작연도	2006년
감독	기엘르모 델 또로 Guillermo del Toro
제작	스페인/ 멕시코 Estudios Picasso/Tequila Gang/Esperanto Filmoj/Sententia Entertainment/Telecinco
배경 및 특징	역사성과 상상력이 만나는 공간으로서 영화가 제시된다. 1944년 스페인 파시스트 정권에서 벌어지는 잔혹한 전쟁을 경험하게 되는 소녀가 환상 속에 마주하는 세 가지 비밀의 열쇠는 역사적 공간으로서 구체성보다는 환상과 역사적 실체의 비밀스러운 만남에 의미를 부여한다.
런닝 타임	119분
사운드	돌비 디지털
색상	컬러
화면비율	1.85:1
언어	스페인어

<프리다>

제작연도	2002년
감독	줄리 테이머 Julie Taymor
제작	미국/멕시코/캐나다 Handprint Entertainment/Lions Gate Films/Miramax Films/Ventanarosa Productions
배경 및 특징	멕시코의 천재 여류화가 프리다 칼로의 일생을 그린 영화로서 '여성'과 '멕시코'에 초점을 맞추어 제작되었다. 할리우드의 상업주의적 입맛을 지우기 어렵기는 하지만, 프리다의 삶에 대한 객관적 조망을 위한 감독의 노력은 비교적 긍정적이다.
런닝타임	123분
사운드	돌비 디지털
색상	흑백/ 컬러
화면비율	1.85:1
언어	영어/ 스페인어

제작연도	1968
감독	움베르또 솔라스 Humberto Solás
제작	Instituto Cubano del Arte e Industrias Cinematográficos
배경 및 특징	쿠바 근대 역사의 주요한 시점으로서 세 시기를 배경으로 한다. 1985년 호세 마르띠를 중심으로 쿠바의 독립운동 2차 봉기가 있던 시대가 그 첫째 배경이다. 1932 마차도의 독재정권이 폭력 정치의 극을 달리던 시대가 둘째 배경이다. 마지막 배경은 1960년대 혁명 이후의 쿠바 사회이다.
주요 평가	60년대 쿠바 신영화 운동의 대표적 작품으로서, ICAIC(쿠바영화예술산업기구)의 창조적 기획이 시작된 이래 역사성에 대한 환기와 재해석을 추구하는 높은 완성도의 작품으로 평가된다.
주요 수상	1969년 모스크바 국제 영화제 금상 수상
컬러	흑백
상영시간	160분
음향	모노
비율	1.78:1

참고문헌

강태호(2008). "기록문학과 기록영화의 장르 특성 비교연구 -독일의 르포 문학과 르포 다큐멘터리를 중심으로". 『독어교육』. 제43집. 177-204.

박종욱(2010a). "영화, <나는 쿠바>에 있어서 역사적 트라우마 재연을 위한 문체적 특징 연구". 『중남미연구』. 제29권 1호.

박종욱(2010b). 『쿠바, 영화 그리고 기억』. 이담북스.

박종욱(2010c). "영화, <루시아>의 여성 인물분석을 통한 트라우마 직면의 문제". 『이베로아메리카』. 제12권 1호.

서인숙(2003). 『씨네 페미니즘의 이론과 비평: 정신분석학에서 포스트페미니즘까지』. 서울: 책과길.

송병선(2004). "라틴아메리카 증언문학의 시학과 하위 주체의 문제". 『라틴아메리카연구』. 제17권 3호.

염홍철(1987). "쿠바: 혁명과 발전전략 재평가". 『제3세계의 혁명과 발전』. 73-101.

임호준(2000). "국가로서의 여성: 혁명 후 쿠바 영화에서의 페미니즘과 민족주의". 『이베로아메리카연구』 제11권 1호.

임호준(2002). "탈식민 사회에서 민족을 서술하기: 구띠에레스 알레아와 쿠바의 내셔널 시네마". 『라틴아메리카연구』. 제15권 2호.

전진성(2006). 「트라우마, 내러티브, 정체성 -20세기 전쟁 기념의 문화사적 연구를 위한 방법론의 모색-」. 『역사학보』 제193호.

정찬영(1999). "증언소설의 개념과 특성". 『현대문학이론연구』. 제11호.

조원옥(2007). "영화로 불러낸 기억의 변화, 홀로코스트 영화". 『대구사학』. 제90호.

조현천(2004). "글쓰기를 통한 트라우마 극복하기 - 토마스 베른하르트의 소설 『소멸』". 『독일어문학』. 제24권.

주디스 허먼(2007). 『트라우마: 가정폭력에서 정치적 테러까지』. 최현정 옮김. 서

울: 플래닛.

피종호(2007). "다큐멘터리영화의 리얼리즘과 허구성", 『카프카연구』. 제18집. 99-117.

홍상우(2003). "상승과 하강의 미학, 미하일 깔라또조프의 영화 <학이 난다> 연구". 『노어노문학』. 제15권 2호.

Alfredo Guevara(1960). "Realidades y perspectivas de un nuevo cine". Cine Cubano. Año 1. número 1. 1960.

Axtell, James(1993). "The moral dimensions of 1492". Historian. Vol. 56. Issue 1. pp. 1-13.

Brígada M. Pastor(2006). "La poética fílmica de la Cuba postrevolucionaria: una "revolución" dentro de la Revolución". Hispanismo. Estudios de Linguagens. Volume 2.

Chanan, Michael(1997). "Rediscovering Documentary: Cultural Context and Intentionality". (ed. Martin, Michael T.) New Latin American Cinema. Detroit: Wayne State University Press.

D'Lugo, M.(1997). "Transparent Women: Gender and Nation in Cuban Cinema" in M. T. Martin(ed.) New Latin American Cinema. Wayne State University Press. 155-166.

Desnoes, Edmundo(2009). Memorias del subdesarrollo. 『저개발의 기억』. 정승희 옮김. 서울: 수르.

Dussel, E.(1985). Philosophy of Liberation. Orbis Books.

Enrique Pineda Barnet(1969). "La colonización del gusto y algunos asuntos a analizar para una descolonización y culturalización adecuada". Cine Cubano. número 48.

Galeano, Eduardo(1988). Venas abiertas. 『수탈된 대지』. 박광순 옮김. 서울: 범우사.

Glenda Mejía and Alfredo Martínez-Espósito(2005). "Women's Representation: Two Epochs of the Revolutionary Cuban Cinema". Revista Brasileira do Caribe. Goiânia. University of Queensland. vol. VI. no 11. p. 33-56.

Herman, Judith(2007). Trauma and Recovery: The Aftermath of Violence. 『트라우마: 가정폭력에서 정치적 테러까지』(최현정 옮김). 서울: 플래닛.

Huberman, Leo & M. Sweezy, Paul(1968). Cuba: Anatomy of a Revolution. New York: Monthly Review Press.

José Massip(1966). "sobre el cine y la literatura: responden", Cine Cubano. número 40.

Kerwin Lee Klein(1995). "In Search of Narrative Mastery: Postmodernism and the People without History". History and Theory. Vol. 34. Issue. 4. pp.275-298.

López, Ana M.(1997). "An 'Other' History: The New Latin American Cinema". in New

Latin American Cinema. Detroit: Wayne State University Press.

Martin, Michael T.(ed)(1997). New Latin American Cinema. Detroit: Wayne State University Press.

Michael Chanan(1985). Cuban Cinema. University of Minnesota Press.

Mraz, John. "Memories of Underdevelopment". Revisioning History. ed. Robert A. Rosenstone. 『영화, 역사 -영화와 새로운 과거의 만남』(김지혜 옮김). 서울: 소나무, 2002.

Octavio Getino(1997). "Some notes on the concept of a 'Third Cinema'". New Latin American Cinema. Volume 1. Theory, Pratices, and Transcontinental Articulations, Wayne State University Press. p. 99-107.

Pablo Neruda(1966). "Respuesta de Pablo Neruda a intelectuales". Cine Cubano. número 37.

Padovani, Martin H.(2002). Healing Wounded Emotions -Overcoming Life's Hurts. 『상처 입은 감정의 치유』(백승치 옮김). 왜관: 분도.

Rafael Hernández(2009). "El año rojo. Política, sociedad y cultura en 1968". Revista de Estudios Sociales. no. 33. May-Aug.

Roth, Michael S. "Hiroshima Mon Amour". Revisioning History. ed. Robert A. Rosenstone. 『영화, 역사-영화와 새로운 과거의 만남』(김지혜 옮김). 서울: 소나무, 2002.

Sarlo, Beatriz(2004). La imaginación técnica. Sueños modernos de la cultura argentina. 1ª ed.. 2ª reimp.. Nueva Visión.

Solanas, F.; Genito, O.(1997). "notes and experiences for the development of a cinema of liberation in the third world". Martin, M.T.(Ed.). New Latin American Cinema. Volume 1. Theory, Pratices, and Transcontinental Articulations. Wayne State University Press. p.33-58.

Tomás Gutiérrez Alea(1960). "El cine y la cultura". Cine Cubano. número 2.

Tomás Gutiérrez Alea(1964). "Largometraje. Entrevista". Cine Cubano. números 23-24-25.

Vilasis, M.(1995). Pensar el Cine. Ediciones Unión.

박종욱

한국외국어대학교 및 대학원에서 스페인어권 문학을 전공하였으며, 스페인으로 유학하여 마드리드 국립대학교(UCM)에서 『막달라마리아의 '회심' 연구』를 통하여, 후기 르네상스와 바로크 사회가 지닌 종교·문화·예술의 패러다임을 연구하였다. 서울대학교, 경희대학교 및 한국외국어대학교에서 강의를 하였고, 경희대학교 학술연구교수를 역임하였다.

현재 부산외국어대학교 중남미지역원 HK연구교수로 재직 중이며, 제천국제음악영화제의 집행위원으로 활동 등 라틴아메리카 사회의 문화 및 예술과 종교 연구와 교육에 집중하고 있다.

주요 저서로서 『쿠바, 영화 그리고 기억』, 『라틴아메리카 신화와 전설』, 『돈키호테와 신비주의의 만남』, 『님은 나의 것, 나는 님의 것』 등이 있고, 주요 역서로는 『최초의 세계일주』, 『페피타 히메네스』, 『나스레딘 호자의 행복한 이야기』 등이 있으며, 한국 문학 작품인 『말뚝』과 『붉은 방』, 『마네킹』 등을 한국문학번역원의 지원을 받아 스페인어로 번역하여 스페인 및 라틴아메리카에서 출판하였다.

최근에는 카리브와 중미 지역 사회를 중심으로 영화와 예술, 종교 등에 대한 연구에 매진하고 있다. 청룡시네마에 <박종욱의 라틴&스페인 영화> 칼럼을 연재하고 있다.

초판인쇄 | 2011년 7월 25일
초판발행 | 2011년 7월 25일

지 은 이 | 박종욱
펴 낸 이 | 채종준
펴 낸 곳 | 한국학술정보㈜
주   소 | 경기도 파주시 문발동 파주출판문화정보산업단지 513-5
전   화 | 031) 908-3181(대표)
팩   스 | 031) 908-3189
홈페이지 | http://ebook.kstudy.com
E-mail | 출판사업부 publish@kstudy.com
등   록 | 제일산-115호(2000. 6. 19)

ISBN   978-89-268-2446-7 93940 (Paper Book)
         978-89-268-2447-4 98940 (e-Book)

이담Books 는 한국학술정보(주)의 지식실용서 브랜드입니다.